温柔地对待每一个孩子

TREAT EVERY CHILD TENDERLY

《读者》（校园版）编辑部 编

《读者》（校园版）青春精选集

教育卷

读者出版传媒股份有限公司
甘肃教育出版社

图书在版编目（CIP）数据

温柔地对待每一个孩子 /《读者》（校园版）编辑部编. -- 兰州：甘肃教育出版社，2021.1
（《读者》（校园版）青春精选集）
ISBN 978-7-5423-4970-5

Ⅰ.①温… Ⅱ.①读… Ⅲ.①青春期－健康教育－青少年读物 Ⅳ.① G479-49

中国版本图书馆 CIP 数据核字（2020）第235207号

温柔地对待每一个孩子
WENROU DE DUIDAI MEIYIGE HAIZI

《读者》（校园版）编辑部　编

责任编辑　祁　莲
装帧设计　于沁玉

出　版　甘肃教育出版社
社　址　兰州市读者大道568号　730030
网　址　www.gseph.cn　　E-mail　gseph@duzhe.cn
电　话　0931-8436105（编辑部）　0931-8773056（发行部）
传　真　0931-8773056
淘宝官方旗舰店　http://shop111038270.taobao.com

发　行　甘肃教育出版社　印　刷　甘肃春宇印务有限公司
开　本　720毫米×1010毫米　1/16　印　张　17.75　字　数　230千
版　次　2021年1月第1版
印　次　2021年1月第1次印刷
印　数　1-3 000
书　号　ISBN 978-7-5423-4970-5　定　价　38.00元

图书若有破损、缺页可随时与出版社联系：0931-8435009
本书所有内容经作者同意授权，并许可使用
未经同意，不得以任何形式复制转载

目录 / CONTENTS

温柔成长

别像大人那样谈论童年的快乐　004
你想让儿童读的和儿童想读的　007
可以让孩子独立，但别让孩子觉得孤立　013
孩子是个哲学家　018
爸爸妈妈，请你们做合格的父母　022
责任、边界、尺度　024
智慧来自对自由的束缚　027
我为什么鼓励孩子"顶嘴"　030
园丁与木匠　035
2018，我宁愿孩子做一枚学渣　038
我女儿想当公主　046
懂事的孩子最可怜　050
被套路扼杀的创造力　054
你是不是孩子的梦想破坏者　058
德国小妞和中国宝贝，暑假都在干什么　060
冒险也是成长的一部分　062
好的小孩教不坏　066
远离自然的孩子们正在生病　069
谁杀死了我们的幽默细胞　073
奔向纽约的起跑线　076
宝贝，让我们"输在起跑线上"吧　080
我家的养蚁生涯　084

目录 / CONTENTS

不负韶华

- 090　什么时候开始都不晚
- 095　追寻梦想，标榜自我的背后
- 100　愿你成为野心家
- 103　不懂这一点，你会一直迷茫下去
- 107　"行行出状元"并不是真的
- 110　一个科学家的养成
- 115　会思考远比努力更重要
- 119　这世界上所有的美好，都来源于专注
- 123　不进步是因为你搞错了练习方式
- 125　真正的学习不只是入脑，还须走心
- 128　追根究底的快乐
- 131　状元老爸的智慧三"不"曲
- 135　经济人生，学会选择
- 139　"笨孩子"郭靖的成功之道
- 143　不要在该拼搏的年纪谈淡泊
- 145　美国小学生这样参观艺术博物馆
- 148　读了那么多书，你有独立思考的能力了吗
- 152　坦然面对自己的失败有多难
- 154　老天更爱笨小孩
- 157　并非一切都是比赛
- 160　醒醒吧，男孩
- 164　假如我是一个"富二代"
- 167　从追求赢到学会输
- 170　一个人的层次开始提升的4个迹象

破茧成蝶

父母对我最大的影响，是给我自由选择的权利	176
拥有开明的父母是一种怎样的体验	181
打不过的敌人有时也是朋友	184
每个人成长成熟的节点本就不同	186
我们的小孩很寂寞	189
别让你的爱好腐蚀了你	192
每一条路都有挫折	195
家长是些什么动物	199
写给儿子的《打架指南》	202
没有打架，只有打人和被打	206
如果人人都理解你，你该有多普通	208
许多想做的事	210
你以为你在"合群"，其实只是被平庸同化	213
有一种温柔是你什么也不要做	216
谁动了我的少女时代	218
在父母眼皮底下恋爱，是什么体验	222
早恋是灾难吗	224
为什么越乖的孩子路走得越艰难	228
穷养的女孩和富养的女孩区别在哪儿	232
青春期这匹小狼	235
在非常野蛮的地方	239
有个青春期的娃，搞定他不如讨好他	241
男女有别，请看大脑	245
改变世界，要找到传递知识的新方法	248
缺乏自信才会比来比去	251
生活太精简，会丢了深层的美感和乐趣	253
把生命浪费在美好的事物上	256
漂亮的失败是另一种成功	260
教育，是温柔地对待每一个想要成功的孩子	266
万事不必太精通	270
为什么最棒的员工往往没有完美的简历	275

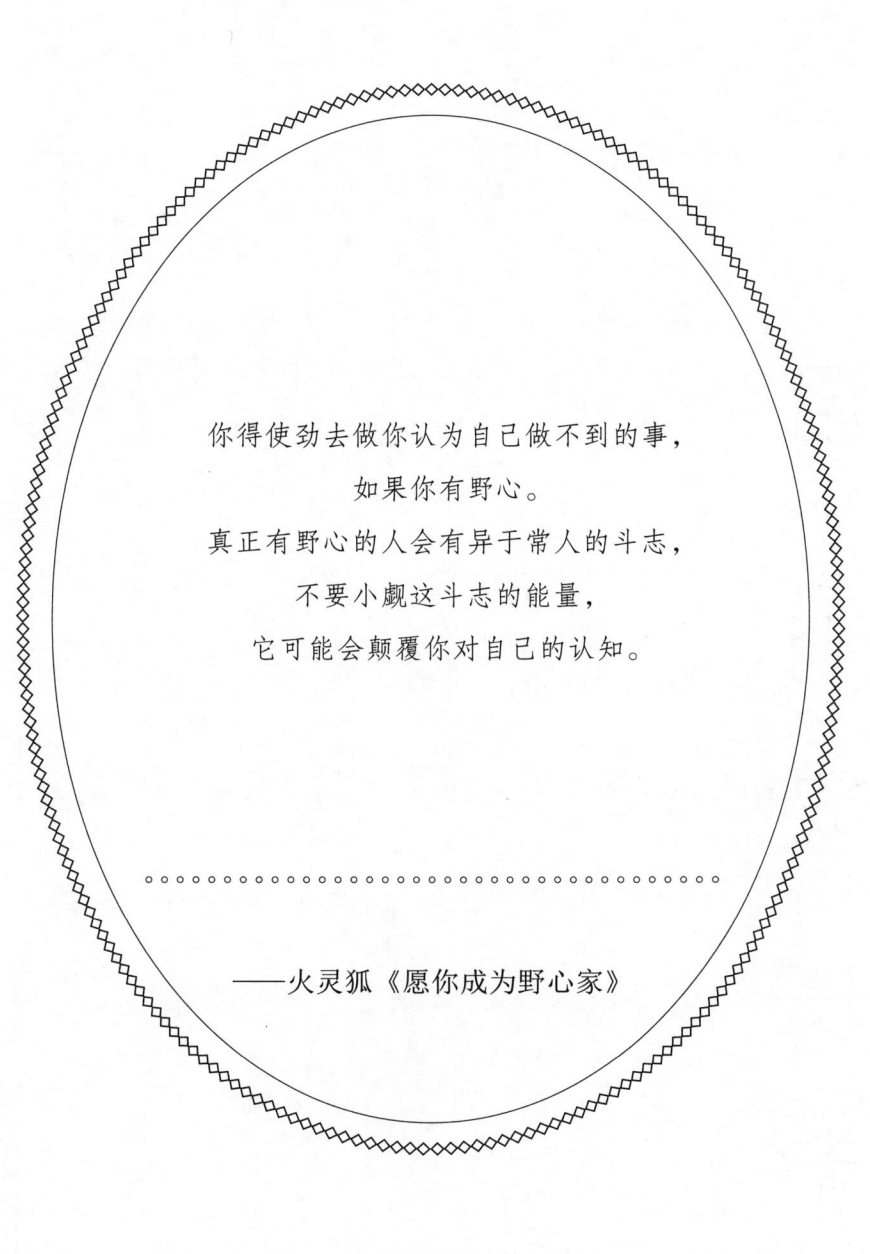

你得使劲去做你认为自己做不到的事，
如果你有野心。
真正有野心的人会有异于常人的斗志，
不要小觑这斗志的能量，
它可能会颠覆你对自己的认知。

——火灵狐《愿你成为野心家》

温/柔/成/长

自由这种东西,只有在一定的框架下才能成立。想干啥就干啥是一个没有框架的概念,在这个概念里是没有自由的,有的只是混沌。

——(日)北野武《智慧来自对自由的束缚》

教育能做的事实在是非常有限,因为每一个孩子出生在这个世界就像是一粒种子,种子虽小,却一切都具备了。假如这一粒是榕树的种子,那么就要像培育榕树一样来帮助种子成长,但是不管多么努力照顾,纵使用尽一切资源,也不可能使榕树的种子长成松树,或长成现在最昂贵的红豆杉。

——林清玄《好的小孩教不坏》

别像大人那样谈论童年的快乐

文 | 童年妈

叶芝在《帷幕的颤抖》这本书里借威廉·密德尔顿的口说："我们不该小看孩子们的烦恼。他们的烦恼比我们的更糟，因为我们能看到烦恼的尽头，而他们看不到。"

叶芝在书中写道："我很庆幸能察觉自己的烦恼，常常对自己说，长大了以后，别像大人那样谈论童年的快乐！"

女儿的所说所做常常让我感觉到叶芝的话正确无比。童年并不像大人们说的那样，快乐如鸟，毫无忧愁。

老公带着公公去医院检查了胃，回来后，在餐桌上郑重地说："爸，医生建议你戒掉烟酒，你自己多注意些！"公公听了连连点头。

大人们常常是进医院的那一刻在心里起誓，一准认真保重自己的身体。可是，一活蹦乱跳地出了医院门，心里又侥幸起来，觉得那厄运怎么可能就降临到自己头上？

亲戚家摆宴席，公公在酒桌上端起酒杯如牛饮，谁来敬酒他都豪气地一饮而尽。我们虽然担心他的身体，却只能对此视而不见，怕在人前驳了他的面子。

女儿看见了，赶上前去，抱着他的酒杯，不让人倒。她涨红着小脸说："我爷爷的身体不能喝酒。"其他亲戚看到她跟个小刺猬似的戳人、难缠，便哈哈笑着放弃了让公公继续喝酒的打算。

公公每日回到家，香烟不离手，一根接着一根地抽，婆婆只是稍稍提醒他，唯有女儿最是铁面无私。放学回到家，看到爷爷的香烟就气得要扔掉。

我常抱着电脑写作，偶尔空闲了，又用手机看电视剧放松自己。时日一久，眼睛便有刺痛感，受不了阳光照射，只得去医院看医生。医生嘱咐："少用电脑和手机。"

从医院回来后，女儿又成了我的监控器。我一摸出手机，她就跟小老师似的，在我身边耳提面命："你的眼睛不好，不能玩手机！"

要是恰逢我心情正好，我就会听她的，把手机放到一边；要是那会儿正忙着用手机上网查找什么或与友人聊得热火朝天，便一准儿跟撵一条小狗似的："去去去，人忙着呢！"

几番如此，女儿再看见我玩手机就默不作声了。一天晚上，我坐在她床边，捧着手机看文章。我以为等她进入梦乡后就可以用电脑写作了，没料想等来的是女儿的抽泣声。

我大吃一惊，急忙问她："怎么了？"她哽咽着说："你又不肯听我的，老玩手机。等你老了，你会看不见的。到时要是我不在你身边，你要怎么办呢？"

我满心的惭愧，赶紧安慰她："没事儿，等我老了，即使你不在我身边，我还有你爸爸呢！"她号啕大哭起来："爸爸也整天看手机，他的眼睛也不好呀！"

我和老公这才赶紧放下手机，说宽心话："你也知道的，我们工作的时候很少用手机和电脑，也就回到家里才用一会儿，这不会影响以后的视力……"女儿听了这番话，才哽咽着睡去。

前两天我问老公："支付宝上还有多少钱？我要买两套衣服和一大袋面膜犒劳自己！"老公答："钱有呢，你买！"

女儿听到了，立刻着急地说："妈妈，你不要再买买买了，你买得够多了。把钱存起来吧，等老了用！"我笑着说："为什么呀？"她道出了自己的忧虑："如果我长大后不能找到好工作，到时候我不能给你们钱，你们怎么办呀？"老公连忙劝她："不用担忧，我们有养老金。"

我忽然明白了，我平时给她的零花钱她为什么从来都不用，便问她："都存起来难道是要给我们养老吗？"她认真地点点头："是的，是的！"

作为一个大人，你永远不知道孩子在看得见看不见的地方有多少的烦恼，你更不知道他的烦恼里藏着多少澄澈的爱。

你想让儿童读的和儿童想读的

文 | 万维钢

我是一个喜欢读书的人。我有两个小孩,女儿只有 2 岁,还不会读书;儿子已经 8 岁了,正在上小学 3 年级。我住在美国,孩子在美国上学,但我小时候是在中国上学,所以,我想比较一下中美两国儿童的阅读水平。

依我之见,中国儿童阅读的状况跟中国足球的状况有点像:第一,我们在这件事上的真实水平,比我们心目中认为的在这件事上应该有的水平,要低很多;第二,我们都喜欢谈论这件事,但是我们都不让自己的孩子去做这件事。

我认为中国正面临儿童阅读危机。

中国儿童读什么

咱们看一下亚马逊在中国的童书销售排行榜,排在前面的书基本上是两类:一类是《我的第一本专注力训练书》《宝宝第一套好性格养成书》以及《宝宝第一套高情商养成书》这种一看就特别实用的书;另一类是《格林童话》《小王子》等所谓的经典作品。

这些书的目标消费者不是儿童，而是家长。出版商并不在意儿童喜不喜欢，他们在意的是家长怎么想。家长想的是给孩子增加技能点，把这些价值感满满的书买回家，就好像给孩子戴上了新首饰。

再看看亚马逊美国官网上的童书销售排行榜。排在前面的大部分是故事书，而且是比较新的故事书——最老的大概是《哈利·波特》，而不是《格林童话》。故事书才是儿童真正想读的书。新的故事书能上榜，说明美国儿童真的是在读书，而不是买了经典拿回家摆着。

指望买一本彩色画册就能提高孩子的专注力和情商，就如同指望看"小小爱因斯坦"的DVD、听"宝宝莫扎特"的CD就能培养出天才儿童一样，属于迷信。这不叫阅读。

阅读，是从文字中获得体验的行为。你需要沉浸到文本中去，借助作者的描述，自己在头脑中想象一个可能完全不同于身边这一切的世界。与看电视相比，阅读算是一种有门槛的技能，得小心翼翼地培养——对于小孩子来说，阅读就应该是读故事书。

走进中国的任何一家大书店，摆在最显眼位置、销量最好的永远都是各种考试辅导教材——那些东西能叫书吗？有人说大学生"读书读傻了"，这个说法不太合适，因为他们并没有真的读书，他们只是看了很多教材而已。如果把科举和考试的因素去掉，也许自古以来，很多中国人不怎么爱读书，我们是一个非常追求实用的民族。

而且我们还有一个专门的书籍分类，叫"课外书"。我上小学和初中的时候，因读课外书一度被视为异类，老师不但不鼓励，还没收课外书。现在老师的态度好转了，开始鼓励学生读课外书。但是我认为，"课外书"这个概念本来就不应该存在。一切真正的书都是课外书！课内的那叫课本！

总而言之，我感觉中国儿童读的书大多是家长和学校想让他们读的，而不是他们自己真正想读的。

美国儿童怎样读书

只要在美国走一走，你就会意识到，中国女足想要达到美国队的水平必然非常困难，因为在美国校园里到处都是踢球的小女孩。读书也差不多是这样的局面。在美国，训练小孩阅读可谓是全民活动。

我家的孩子刚刚出生，还在医院里的时候，就收到了本市图书馆的工作人员送来的一个手提包，里面有书和图书馆的介绍，呼吁家长要多去图书馆。我们住在一座小城，当地政府以市长的名义，给全市所有3岁以上5岁以下的小孩每个月寄送一本书，市长还会在电视里领着孩子们读这本书。

从幼儿园开始，所有的班级都有自己的图书角，所有的正规学校都有自己的图书馆。我儿子现在上小学3年级，每天的家庭作业只有两项：第一项是数学，老师布置几道题做；第二项是阅读——读什么书都可以，只要你读够20分钟。周末则没有数学作业，只要求阅读40分钟。按中国的标准，这些阅读都是在读课外书，其中绝大部分是故事书。事实上，美国小学生没有要带回家的固定课本，对于他们而言，根本就不存在课内书。

这个读书量里面有商机。学校会经常给学生发书籍广告，如果哪个班的学生买的书多，卖书的公司还会给班级图书角赠送一些书。每个学期，学校里都会有书市，学生自己挑书、买书。我儿子所在的学校有时候还能请来知名童书作家做演讲。

读书之外，老师还会让学生"写书"，我儿子所在的年级这个学期的一项活动就是每个学生自己写一本"书"，分章节、有封面、有插图、有作者致谢。我儿子写了一个自编的故事，我作为家长还去参加了一次点评。

你甚至可以说，读书是一种价值观。美国人几乎把读书当成行为艺术，孩子只要拿本书坐在那儿读，家长和老师就会很高兴。至少他不是在看电视。读书活动面临电视和电子游戏的重大挑战，每个家长都在跟孩子就"屏幕时间"讨价还价。小孩天生就喜欢看电视和玩游戏，但不是天生就喜欢读书。

为什么要这么重视阅读呢？因为不管你是读故事书，还是读《十万个为什么》，只要你能读进去，就是很好的思维训练。阅读对人语言能力、分析和理解能力的培养有重要作用。

哪怕别的都不算，单看语言能力这一项，阅读就是一件让人受益终生的事。2011年有一项大规模的综合研究，说阅读时间决定了一个典型幼儿园学生12%的语言能力，对小学生语言能力的影响是13%，对初中生语言能力的影响是19%，对高中生语言能力的影响是30%，对大学生语言能力的影响是34%。小孩读的书越多，语言表达能力就越强，而且这个效应随着年级越高越明显。现在一到要发表演讲的时候，在美国随便抓个人就能侃侃而谈，而中国人明明自己的专业技术很厉害，可是常常不知道该说什么。这难道不是吃了从小不经常阅读书的亏吗？

中国留学生到美国上大学，往往会震惊于课程要求的巨大的阅读量。现在有很多人在微信朋友圈晒孩子弹钢琴、练体育，很少有人晒孩子读书，殊不知读书才是真功夫。

儿童的好书

假设现在有3个孩子：第一个孩子熟读各种经典，从《格林童话》到《红楼梦》，品味高雅，不是经典他不读；第二个孩子精读励志书，关于性格养成、专注力、意志力、情商的书无一不精；第三个孩子爱读故事书，老套的故事他觉得没意思，他喜欢读情节刺激的新故事，从童话到武侠，从恐怖故事到科幻小说，什么书都读。你猜哪个孩子将来最有出息？

答案是最后一个——因为前两个孩子根本不存在。

读书是一辈子的功夫，"重要的书"可以长大后慢慢读。对于小孩来说，最关键的是在他心中埋下热爱读书的火种！统计那些了不起的钢琴演奏家，你会发现他们的授业恩师都是水平极高的人物，他们小时候学钢琴的启蒙老师，水平则有高有低，但是这些启蒙老师有一个共同的特点：他们能让孩子爱上弹钢琴。

这个火种实在是太宝贵了！你想想吧，在一个充斥着电视剧、电子游戏的时代，这个孩子居然爱读书！

阅读的本质，是探索一个未知的世界。我们身边日常接触的世界实在是太平淡了，只有通过读书，我们才能接触到更广阔的天地。这个探索的过程应该是个人化的，我们在好奇心的驱动下越走越远。理想的局面是孩子告诉你他想读什么书让你给他买，而不是你告诉孩子他应该读什么书。

如果一定要问我什么书好，我认为对于儿童来说，好书有3个标准。

第一，书里要有英雄。英雄是战胜自己的弱点、突破外界的限制、拥有非凡事迹的人。性格养成、提高情商之类的书都不如英雄故事好使。好书应该给孩子提供英雄偶像。

第二，一本书应该是一个冒险的旅程，可以带给孩子超出日常事务的见识。今天我跟老师发生什么事，明天我跟同学有什么矛盾……家长里短的事儿有什么可说的？好书应该带孩子上天入地。

第三，图片越少，文字越多，书就越好。用图片吸引小孩看书，就好像不会做蛋糕只知道多放糖一样——只有没吃过好蛋糕的人才喜欢糖多。读书享受的是从文本中获得的乐趣。除非是专门的漫画书，否则图多等于没料。

我在儿子所在的学校看到过一个宣传栏，上面挂着一些流行的儿童小说，包括《哈利·波特》《饥饿游戏》《蝇王》之类，让你猜猜其中哪些书曾经被某些国家列为禁书。把书掀起来就能看到答案，结果发现好几本看上去人畜无害的书都被禁过。这个宣传栏的最下面，一行大字自豪地写道："我们学校绝对不禁书！"

这就是美国人民的阅读状况——以自由读书为荣。

可以让孩子独立，
但别让孩子觉得孤立

文 | 亲宝宝

1

我 7 岁时，曾经干过一件大事儿。

记得那是一个黄昏，太阳西沉至山顶，马上就要藏身到乌沉沉的山后面了。我披着一身碎金，雄赳赳气昂昂地走在村里的小路上，手里拿着一块沉甸甸的石头。

我要去砸一个同班男生家的玻璃。他下午打了我，没等我还手就跑了。就算我还手，我也打不过，只好想出砸玻璃这样的损招。

可当我终于到达他家，站在没有围墙的简陋院子里，手却忽然举不起来了。那一刻，我的脑海里站着爸爸和妈妈的无数个分身，他们黑着脸，一句接一句地指责我，说我这么大的人了做事不经过脑子，说我给他们丢人，让村里人觉得我们是有钱人欺负穷人……

石头被我在手里捏了很久，最终还是随着地球引力无声掉落。

我转过身，艰难地迈着步子回家，眼泪"吧嗒吧嗒"落下，洒在来时的路上。

2

9岁时，我最讨厌的人是前院的女孩。

可是孩子不和，大人们会觉得别扭，面子上不好看。于是两位妈妈总是想撮合我们和解，尤其是我妈妈。

可强扭的瓜不甜，每次我俩凑到一起都会以打架收尾。有一次我俩又打了起来，她下手很黑，脱下鞋子用塑料鞋底抽我。当我抢过鞋子，怒发冲冠地正准备打回去时，我妈妈大声喊我的名字，要我停下。

我停手了，真的停了。跟在妈妈身后灰溜溜地回家，瞪着她背影的眼睛里满是恨意，恨自己有她这样一个妈妈。如果不是她搅和，我才不会这么窝囊。

可能是真的被打得太狠了，妈妈回家后说了她这辈子对我说过的唯一一句软话："你怎么不趁妈在使劲打她？"

我没抬头，没张嘴，只在心里狠狠地说："就是因为有你在，我才不敢啊！我怕你会觉得没面子，怕麻烦你处理棘手的邻里关系，怕给你丢人！"

3

我父母信奉中庸之道，践行吃亏是福，在村里人缘第一。村民们提起他俩，都会竖起大拇指夸他们温和、善良、体贴、周到。

所以如果我胆敢不温和、不善良、不体贴、不周到，就是丢他们的脸，抹黑他们的声誉，他们也理当放弃中庸，对我棍棒相向。

每次我在外面和别人打架，不管输赢，回来肯定会再挨一顿揍。

后来，每次遇到与人有争执起冲突时，我总会第一时间想到父母，害怕给他们丢人，害怕他们劈头盖脸的指责，害怕变成他们眼里的坏孩子，于是第一时间败下阵来。

屡战屡败，不战而败，真令人沮丧。

这样的家长不仅没能在孩子脆弱时安慰一番，没能在孩子跌倒时扶上一把，还让自己变成了孩子成长过程中最大的绊脚石。

孩子遇到挫折的时候，没能力自己前进，却也不敢退回来，因为父母的指责和失望更伤人。于是渐渐变得无助、软弱、抑郁，不知道自己人生的意义。

4

我成为妈妈之后，也犯过相同的错误。

总是坚持小朋友的事情就要自己去处理，不要求助于大人。儿子与小朋友发生冲突的时候，我只是冷静地站在一旁，看他孤军作战，他占便宜或者吃亏我都不参与。虽说在家时我把"人不犯我，我不犯人"的道理说了无数次，可他亲临"战场"时，还是会怯懦。很长的一段时间里，不管大获全胜还是败北，他都会号啕大哭。

我一度认为那是他对"战争"的厌烦和恐惧，对"敌方"不遵守规则的控诉。直到有一次，他被别的小朋友用金属汽车砸了几下头，一边哭一边看着我，眼睛里全是"你为什么不支持我"的控诉。

那一刻我歉疚极了。

他并不是没有能力还手，只是我教给了他太多理智的东西，即使怒气上头，他也明白那些"重武器"会致伤致残，不可以用来对付朋友，于是只用拳脚对付别人的野蛮攻击。

那一刻，我开始怀疑自己不是个好妈妈。

我问他："你怕吗？"

他说："怕。"

想到在他害怕的时候，我却冷眼旁观，心都碎了。

抱着他安慰了很久，然后决定不再做一个那么"冷静理智"的妈妈。

5

有一次在游乐场，儿子找到一辆车，正要坐进去，旁边冲出一个孩子抢了去。那个孩子的父母跟在后面看着，无动于衷。我有些气恼，可是看那个孩子已经走远，就抱着息事宁人的态度，把儿子的注意力转移了。

等儿子再次坐进那辆车的时候，那孩子又冲了过来要抢车。被我阻止后，他的父母跑过来说那是他们孩子刚在玩的，我据理力争，他们没再坚持。那孩子却在车后面泄愤似的用力推着我儿子往前冲。

儿子有些害怕，大喊"不要"。

他的父母仍然无动于衷。

我只好冲过去对那孩子说："我们不喜欢这样，你放开！"

这时候他的爸爸冲上来，伸出食指指着我的鼻子骂我："你有病吗？！"什么？自己不好好教孩子还跑来攻击别人？对不起，你找错对象了！我读了那么多心理学的书此时不用更待何时？于是我用三寸不烂之舌，言辞激烈地把他们两口子在游乐场的斑斑劣迹抨击了个够。这个看起来五大三粗的男人恼羞成怒要对我动手，幸好保安及时赶到。

我知道那样做确实冲动，可让孩子知道妈妈为了他会变成猛虎，知道这个世界上不只有委曲求全，那就太值了。每次孩子提起这件事，都会说妈妈厉害，妈妈不怕坏人。有小朋友对他说"我爸爸可厉害了，我让我爸爸打你"，他回来也敢要求我去打那个小朋友。

"一切你都得自己去面对"已经不再是我的原则。

我终于变成他可以依靠的妈妈了。

6

世界很大。

可对于孩子来说，他的全世界只有爸爸和妈妈。

从孕育时开始，孩子就不是独立的，只是父母的依附。父母控制他，他唯有服从；父母放手了，他才能独立。

孩子是一张空白的纸，父母写了什么，就会成为他一生的三观导向。如果写了勇敢，他就能所向披靡；如果写的是"父母面子第一"，他便会为了父母的面子委曲求全；而如果写了"尽善尽美"的话，做不到的他只能极力逃避、掩饰。要求不独立的他去独自面对世界，要求未成年的他去遵守成年人的行为准则，都是拔苗助长式的伤害，沮丧、挫败、愧疚会绊倒孩子，甚至有可能摧毁孩子。

所以，当小朋友的父母只有一个选择：无条件地做孩子的靠山、港湾、后路。

他只是一个孩子，他需要坚强、勇敢、独立面对的路还很长很长，而你可以帮他遮风挡雨、扫尽不平的日子，只有短短几年。

所以得让孩子知道，他的靠山很硬、港湾很暖、退路很宽。

所有的教育宝典、育儿心经，都没有这一点重要。

孩子是个哲学家

文 | 〔意〕皮耶罗·费鲁奇
译 | 张 晶

被孩子拆穿是何种体验

烤饼看上去很好吃，刚刚从烤箱里拿出来，香味吊足了我的胃口。

这是一块黑莓馅饼，然而，它满是糖、脂肪和白面粉，而且我与埃米利奥在一起，我不该树立一个坏榜样。薇薇安和我想要他爱护牙齿，让他养成良好的饮食习惯。

但那块馅饼太诱人了，我无法抵抗自己的欲望。哎呀，我为什么要放弃这样的快乐？或许我可以偷偷买下这块馅饼，另外给儿子埃米利奥买一个全麦面包卷以分散他的注意力。于是我付了钱，拿着这块馅饼，背对着埃米利奥开始狼吞虎咽，试图不让他看见。埃米利奥立即注意到了，一个劲儿地嚷着要吃。"嗨！面包卷很好吃，不是吗？"我口是心非地说，同时尽可能快地咽下那块馅饼。埃米利奥对面包卷毫无兴趣，愤怒地把它扔在了地上。

我被抓了个现行！要是只有我一个人，我就可以悠闲地品尝这块馅饼的滋味。可是埃米利奥在场，我别无选择，只能看着自己出洋相。就是这样，我每天和孩子们在一起时，不能假装、不能撒谎、不能置之不理。有他们在身边，我不可能生活在幻想中，我必须时刻面对我是什么样的人这一真相。

在我看来，有时候我是在照镜子。之所以如此，是因为我的孩子们在模仿我。我知道孩子们是通过模仿来学习的，他们模仿我们的姿态、行为、声音，尽管他们是原创的、独特的，但有时他们就像是我们的缩小版复制品一样走来走去。从他们身上我们可以看到自己：我们思考问题时挠头的样子，我们打电话时的样子，我们吃饭时的样子。

我们看到过孩子是如何把我们最深的感情和幻想表现出来的。而在一个较浅的层面上，他们直接映照出我们。镜子是中性的、直接的、具有揭示性的，也是令人畏惧的，它向我们展示本相，不做任何评论和解释。

当孩子们模仿成人时，他们是好笑的，但是当我们进一步观察时便会发现，他们并非那么好笑，我们会意识到我们正在看着自己。

我安顿埃米利奥去睡觉，灯关了，时间很晚了，真的是该睡觉的时候了。我给他讲了一个故事，我和他一开始就说好了只讲一个。讲完后，他又提出要求了："再给我讲一个故事。"

"埃米利奥，我们说好了就讲一个故事，睡觉吧。"

埃米利奥的反应令我惊讶，他的声音穿透了黑暗："再给我讲一个故事，不然我会给你一个口头警告。"

这种勒索方式还不错嘛。这个孩子一直被待以尊重和爱，从未被打过或恐吓过，他是从哪里学会威胁的？当然是从我这里。片刻前难道我没有说过"如果你不立即上床睡觉，你就没有故事听了"这样的话吗？是的，我发现威胁是我与孩子们互动的一部分，威胁也内在于我们很多的社会关系之中，尽管它们在很大程度上被美化了。

孩子的情绪来自大人

我又累又气,我们不该带孩子来到镇上,薇薇安的状态和我一样,对这次出行追悔莫及。整件事情乱糟糟的,让人萎靡不振。孩子们饿了,我们决定在一家为游客开放的自助餐厅里吃点小吃——这种地方是我一直设法回避的。孩子能够感受到我们情绪的变化。我正给乔纳森从一杯巨大的水果沙拉里挑一些吃的出来,埃米利奥开始淘气,从桌子下面踢着乔纳森。乔纳森生气了,弄翻了水果沙拉。我惊恐地看着水果块掉到了我的裤子上,果汁洒得满桌子都是,也泼到了孩子们的身上和地板上,汇成一道五彩的洪流。薇薇安沮丧地喘着气。

我很生埃米利奥的气,他是这场灾难的肇事者,我抓住了他的胳膊,但他尖叫起来,报复地咬了我一口,自助餐厅里的所有目光刹那间都转向了我们。真是一场噩梦。

稍后,在所有的慌乱结束后,我回想了一下,明白了过来。埃米利奥和乔纳森所表现出来的,正是薇薇安和我的情绪。孩子们能够清晰直接地感受到我们内心最深处的隐秘情绪,并能比我们更深、更敏感地把这些情绪表现出来,因为他们没有防护机制。也就是说,他们很容易被我们的情绪感染。如果孩子们感到狂怒,他们会咬人或把一个盘子猛摔到地上;如果他们感觉到了空气中的沮丧气息,他们会不吃饭或尿床。他们以他们全部的自我去体验我们的情绪,又常常强有力地立刻表现出来。而我们成人则已经习得了自我保护、内爆、合理化、调节和节制的艺术。

孩子们是直率的。正如《皇帝的新装》中的孩子一样,他们会相当直白地说出我们成人害怕表达的内容。我们常常会在我们的内在感觉和我们想要别人如何看待我们之间存在反差。成人设法隐藏和控制自己大部分的感受，但是孩子们会替我们将这些感受展现出来。为什么当孩子在公共场合发脾气时，父母会感到尴尬？这不仅仅是因为在那一刻他们成了被关注的焦点，他们担心打扰别人或被人批评，同时也是因为他们感到自己被暴露了，他们害怕自己最隐私的生活被公之于众。

有一段时间埃米利奥非常爱生气，我认识到埃米利奥的易怒缘于我。那段时间我起得非常早，每天睡眠不足五小时，我很易发怒，虽然我设法将怒火隐藏起来，但是它依然处于我整个精神状态的表面之下。为了给自己的兴趣爱好争取更多的时间，我减少了睡眠时间。后果在埃米利奥身上显现出来了，他感觉到了我的易怒，并在我面前将它清晰地展现出来：这就是你的样子。当我开始睡得多了一些，我就不再易怒了。我休息得更好了，埃米利奥也就更加平静了。道理相当简单：与一个紧张的有机体共生会让你紧张。

幸运的是，情感共鸣也以积极的方式出现。有些日子里，当我感觉良好并与每个人都和谐相处时，当一切看起来都格外安宁时，孩子们也反射了我内心的平静。在这样一个高兴、和谐、流畅、没有紧张感的日子里，埃米利奥在睡觉前会对我说："今天，你得了满分。"

爸爸妈妈，请你们做合格的父母

文 | 倪一宁

我的父母都是老师，每年6月当高考结束后，我都会听到很多励志故事。

我爸爸从前有个学生，每天9点晚自修结束，回家继续温习功课。

她妈妈会端一杯温牛奶放在她的书桌上，然后就坐在旁边的椅子上看书。

我爸很受触动，我却觉得她妈妈像监工。

我有个远房亲戚，是我童年的噩梦。

她的父母都是知识分子，从她小学开始，就辅导她做奥数题。

尽心尽责到什么程度呢？她七八点就睡觉了，她父母会继续坐在桌子旁讨论题目，寻找最优解法，然后第二天讲给她。

她初中和高中一共上了5年，中间跳了一级，以高考第一的成绩进了清华大学。

她妈妈介绍经验说，整整5年，自己没有任何娱乐，一下班，就是陪读。5年里，她放弃了无数次出去游玩、考察、晋升的机会，但现在想一想，完全是值得的。

我妈妈前两天跟我道歉，说对不起我。

她让我看她的手机，她同事的女儿正在读高三，她的同事每天早上6点起来，换着花样给女儿做早餐。

我妈妈语气很真诚，她说："对不起啊，你高三的时候，我们都让你一个人住，你上完课还要自己去超市买牛排煎。我烧的饭也不好吃，好几次让你带去学校的粽子，里面都没煮熟……"

我突然就挺感慨的，感慨什么呢？就是父母心目中的"对孩子好"，跟我们真正想要的"好"，差得好远。

真的需要这么拼吗？我怎么觉得，合格的父母只要管好自己就够了。

我小时候就是经常一个人待在家的，但也没觉得压抑，父母走了，我可以随便看电视，还可以拿书柜上层的小说看。

那时候我们邻居家的几个妈妈都是家庭主妇，而我妈妈三天两头出差。

但我一点儿也不觉得难过，因为七八岁的我就已经发现，虽然我妈妈最忙，可是我妈妈最漂亮，而且一点儿也不啰唆，不会一天到晚捏着我的袖子，质问我为什么没有穿棉毛衫。

我没有轻视家庭主妇的意思，我想说的是，父母没有义务为孩子创造一个无菌环境，对子女最好的教育，其实就是经营好自己的人生。

当然，能给孩子创造更好的环境是一件好事，可是父母和孩子是完完全全不同的个体，父母没必要为了孩子完全放弃自己的生活。孩子继承了父母的基因，父母和孩子很荣幸地一起朝夕相处十几年。仅此而已。

孩子一定要去经历属于他的独一无二的人生，父母给再多的锦囊妙计，也不能免去一切灾难；父母给孩子用钱铺路，也铺不到终点。

其实我们希望父母做的，不过是走在我们前面的时候，挺直腰杆，做好榜样。当落在我们后面的时候，能够告诉我们，他们能照顾好自己，让我们勇敢快乐地前行，替他们去看更壮阔的风景。

责任、边界、尺度

文 | 龚琳娜

老锣教育孩子，颇有些怪招，但看起来都挺奏效。关键是他从来没有伤害过孩子们的自尊，又帮助他们自立和找到自己。

1

海酷一岁多的时候，老锣开始教他一个概念——责任。

比如大便以后，要自己端起小尿盆把它倒进马桶，这就是海酷的责任。海酷在爸爸的训练下，这件事一直完成得很好。

有一次，我们在贵阳，我出门办事，让他和外公外婆在一起。海酷在小尿盆里大便以后，外公不知道他的"责任"那么重要，好心地帮他把尿盆倒掉、洗干净。海酷发现自己的"责任"被抢走了，气得哇哇大哭："这是我的责任！"外公这才恍然大悟，想不到这孩子还有这么多规矩，以后再也不敢动他的"责任"了。

2

老锣认为非常重要的另一个概念是"边界"。孩子小的时候，教给他与"物"接触的边界，什么是安全的，什么是危险的；大一些后，再教给他与"人"相处的边界。

那时我们还住在马夫人的山坡小木屋里。海酷只有七个多月大，刚刚会爬。马夫人家除了马、牛、羊、狗，还有一个很大的鱼塘，养了一池漂亮的金色鲤鱼。鱼塘上方，是一道木质长廊。

有一天，我在家里做家务，老锣带海酷出去玩。我站在二楼窗口，看到海酷在长廊上爬。他对鲤鱼很感兴趣，所以爬到长廊的边沿，轻轻把头探出去。老锣在他身后大约一米处看着他。

我急得都快喊出声来了，万一掉下去怎么办？我们有个朋友的孩子，就因为三岁时不慎溺水，导致低智和瘫痪，始终卧床不起，直到十六岁去世……

但是我和老锣曾有约定，一个人带孩子的时候，另一个人有意见也不能当面干涉，但可以事后再谈。所以我站在楼上干着急，又不敢说什么。要是我，肯定不会任他自己去爬，还会不断地指着水塘告诉他："危险！危险！"

等老锣带着孩子回来，我问他："你就不怕他掉到水里去？"

老锣却说："若他掉下去，我会马上跳到水里救他，但是必须让他试一试，让他自己找到边界。"

3

海酷两岁多，开始喜欢打人。其实不是故意"打"，是他想和别人玩，用这种方式引起别人注意，但出手比较重。

有一天，他一巴掌打在爸爸脸上，把爸爸打疼了。这件事可能很多人都不在意，孩子嘛，淘气，长大就好了。老锣却很认真地把海酷叫到跟前坐下,说:"你刚才怎样打我,现在我试试用你打我的方式打你,你看看是什么感觉。"

海酷懵懂地点了点头。

原以为老锣是跟孩子开个玩笑,没想到他真的一巴掌打下去,在海酷脸的上留下几个红红的手指印。怎么那么凶?连我都惊呆了。

但海酷竟然没有哭。我想是因为爸爸有言在先,只是要让他"试试有多疼",而不是惩罚他,所以自尊心没有受到伤害。

"疼不疼?"老锣问他。

"疼。"他的眼泪在眼眶里打转儿,又忍回去了。

"不要再这样使劲去打别人,别人也会疼。"

从那以后,每当海酷忍不住想打人时,都会先在自己的脑袋上拍一下,看疼不疼,试好了力度再出手。那个样子实在很好笑。

智慧来自对自由的束缚

文 | 〔日〕北野武
译 | 姜向明

教育孩子最重要的一点是,必须张弛有度。就像做一个木桶,如果箍得太松,桶就会散掉;如果箍得太紧,那木桶就很难经久耐用。

以前的孩子,不论是在学校还是在家里,都被箍得死死的。学校里有老师,家里有家长,他们的话都是绝对正确的,所以孩子能够享受到的自由非常有限。由于家庭环境和学校的问题,有许多孩子只能默默地忍受。

但是现在呢,简直和以前背道而驰,上紧的箍已经完全松开了。不论在学校还是在家里,孩子们都不再受到什么约束,想做什么都可以自由地去做;然而另一方面,他们又接受了"千万不要放弃自己的梦想"这样的教育。说简单点,就是要求他们无论什么事都要努力地去做。如果你做不到第一,那就努力去争取做唯一。总之,你必须找到可以在人前炫耀的事情。这其实就是一种自相矛盾。

即便你告诉孩子们可以自由地想干啥就干啥,大部分孩子还是不知道该干啥。

自由这种东西,只有在一定的框架下才能成立。想干啥就干啥是一个没有框架的概念，在这个概念里是没有自由的，有的只是混沌。

只要你想一下踢足球，就会明白了。

没有比踢足球更不自由的体育运动了吧。人家说猴子是因为学会了使用双手才进化为人的，可踢足球这项运动偏偏不让你用手。

对于如此不自由的一项运动，为什么全世界的年轻人都乐此不疲呢？

如此说来，认为人都是自由的、最讨厌受别人束缚的年轻人会手捧着足球在球场上飞奔？这种事情绝对不可能发生才对。

不对，有人说以前就是因为发生了这样的事，所以才发明了橄榄球这项运动。因为它更加自由，所以年轻人更喜欢这项运动吗？事实并非如此。橄榄球不像足球那样风靡世界，会不会正是因为它过于自由，而且能够使用双手呢？

不论哪国的人，都能直观地感受到踢足球的不自由。

反过来说，即便你对足球不是十分了解，你也能明白贝利或马拉多纳有多么了不起，因为你只要看一看就知道了。所以，他们能成为超级球星。小罗纳尔多的传球和射门之所以会那么漂亮，也是因为足球有一个框架在那儿。就像光与影，正因为是在不自由的框架中交战，所以才闪耀出自由的光芒。正因为重力把人拉向地面，所以人类才会有那个永恒的飞天梦想。

而现代教育呢，则完全是反其道而行之。如果想好好地教育孩子们享受自由的喜悦，那就应该首先给他们设置一个框架。

如果面前有一道厚重的墙壁，你即使对孩子们放任不管，他们也会想尽办法从里面挣脱出来获得自由。有的孩子会把那道墙拆掉，也有孩子会在墙下面挖洞。但还有另外一些孩子，会在墙内找到谁也没有意识到的自由。

人类的智慧和想象力，因为撞上墙壁、遇到障碍，所以能够全面地发挥出来。智慧和想象力在突破了阻碍它们的那道墙时，你会感受到自由的喜悦。而在一个想干啥就干啥的自由世界里，智慧和想象力就会沦为多余之物。最后的结局呢，就是懒懒地倚靠在床上，吃着喜欢的零食，看着无聊的电视节目。经常听人说现在的孩子没有干劲和精神，这只是由此而生的一个必然的结果。

我也能理解孩子们为什么那么热衷电子游戏。游戏的世界之所以成立，是因为有荒城、恶龙之类的障碍物的存在。从不知道做什么好的现实世界里脱离出来，进入一个小得可怜的电脑世界，孩子们正是由此尝到了破茧而出的自由。当然，我不说你们也知道，这样的自由只是一个高度仿真的虚构之物。游戏中的怪物，本来就是被设计为一打就倒的。不管孩子们动了多少脑筋、克服了多少艰难险阻，最后尝到的胜利滋味，充其量不过是经历了一遍事先设计好的一套流程而已。

现如今的孩子们，只有在这样的世界里，才能寻找到自由带来的喜悦。而做爹娘的呢，还没有意识到教育孩子"随便什么事都可以率性而为"是多么愚蠢。

我为什么鼓励孩子"顶嘴"

文 | 〔美〕杰伊·海因里希斯
译 | 少年商学院

有孩子的人,一定对这个场景不陌生:在女儿5岁时,我曾带她去银行柜台取款。她在旁边等得百无聊赖,为了让我早点走,竟开始发脾气,大吼大叫,引得旁边的两位老奶奶侧目——她们一定在想,这孩子的家教怎么这么差?都怪她爸爸。

但接下来的一幕让她们颇为震惊。我给了女儿一个失望的眼神,不慌不忙地说:"抗议无效。如果你想逼我走的话,这么做还不够可怜。"听了这句话,女儿果然安静了,眨巴眨巴眼睛,从地上站了起来,小嘴噘得老高。

"你对她说了什么?"其中一位老奶奶吃惊地问我,"孩子这么快就不闹了!"我解释说:"这是我们家的辩论小游戏。让别人觉得自己可怜,是古代辩论艺术里常用的辩论方法。"我从女儿出生前就痴迷于此。那时女儿虽然小,但在教她何为"说服"的魔力上,我已经下了不少功夫。

顶嘴的孩子,情商更高

我一直认为,每个聪明的父母都应该让孩子尽早掌握说服力。

但现实情况是，不少父母一听孩子反驳、反抗大人，就给孩子冠以"顶嘴""不乖"之名，让其闭嘴。

这是非常可惜的。很多人把3岁定为孩子可不可爱的分水岭——3岁之前，孩子的生活基本由父母掌控，大人说什么，就是什么，非常"呆萌"，于是可爱；3岁之后，孩子有了自己的独立意识，吃什么、穿什么、做什么……每件事都要表达一下不满意的地方，甚至不惜发脾气，于是不可爱。

但换个角度来讲，懂得乃至敢于顶嘴，不正是孩子长大的一个信号吗？孩子可不是为了顶嘴而顶嘴，当他们顶嘴时，他们想得到的，是大人的关注和回应；想知道的，是大人对自己会有多少耐心；想传达的，是自己已经不是小孩子了！

这是孩子提高情商的必经之路。弗吉尼亚大学曾组织150个13岁的孩子，让他们描述自己和爸妈之间的一场矛盾，两年后，再对比他们与爸妈的争吵方式，等他们长大后，再对比他们与同事的相处方式，最终发现，那些在家跟爸妈经常争论的小孩，能更轻松地应对同事之间的意见分歧，能更冷静地承受来自外界的压力。

表达，是为了让对方听见

因此，我非常乐于孩子与我"顶嘴"。但这还不够，我还要教孩子辩论术。从"顶嘴"到"辩论"，孩子就能完成从"表达我自己"到"让你听见我"的本质转变。

不少人一听辩论术，就觉得"腹黑"或者"尖锐"，其实，它只是让孩子高效思考自己的核心观点到底是什么。每当孩子和他们的小伙伴发生冲突时，我都会提醒他，牢牢记住自己的观点后再去说服别人。但更重要的是，不要只顾自己说——每次他解决完冲突，我都会多问一句："你的朋友最后认同你了吗？"

我一直想让孩子学会合理地说"不"，这就需要用到辩论术中的3个关键词——无懈可击的逻辑、毋庸置疑的理念和令人动容的情感。

其中，"逻辑"是最基本的，当孩子想要或者不想要一个东西时，他都得找到最合理的说服别人的理由，而不是简单地说一句"我想怎样"。

举一个简单的例子，这样的小事在我的孩子还小的时候每天都要发生无数回。"玛丽不让我玩这辆车。""她为什么不让呢？""因为她是一只小猪。""所以，玛丽不让你玩车是因为她是一只小猪？"……

"逻辑"是最基本的要素，当孩子想要或者不想要一个东西时，他得找到最合理的说服别人的理由，而不是简单地说一句"我想怎样"。

这种重复，是让孩子自己梳理清楚因果关系。让孩子意识到：怎么可能因为不让你玩车，玛丽就变成小猪了呢？逻辑上不成立，别人怎么可能答应你？

让孩子尝到努力争取权益的甜头

而当孩子们诚恳地试图说服我，让他们多看一会儿电视时，我都会尽可能地满足——这时候他们就获得了双倍的满足：一来，他们看到了自己想看的节目；二来，他们享受到了成功说服别人的快乐。

孩子们越来越喜欢为自己的权益争辩。事实上，对于看电视本身，他们已经在试图说服我的过程中，自己意识到了其中的不少坏处。

我尝试过把辩论三要素都用在我的儿子身上。在他7岁时的冬天，他坚持要穿一条很酷的短裤去上学。一开始，我搬出了家规——我父亲传授给我的一种毋庸置疑的理念："你必须穿长裤，因为我是你爸，而且我让你这么做。"但儿子看着我，双眼泛泪。

然后我尝试调用逻辑："长裤才能防止你的腿冻裂，被冻裂的滋味可不好受。""但我还是想穿短裤。"道理说不通，我开始打"感情牌"。我把自己身上的长裤腿卷起来："你看看，这么冷的天，如果我穿成这样去上班，看上去是不是很蠢？"

"是的。"儿子说，但他还是坚持要把短裤穿上。"你为什么这么想穿短裤呢？""因为我看上去不蠢，而且这是我的腿，我不介意它们被冻裂，你不用担心。"

我的天⋯⋯记忆中，那是他第一次完美地说服了我：不容他人质疑的理念（我看上去不蠢），缜密的逻辑（这是我的腿，你无权干涉），以及情感（不用担心，我自己能承担被冻裂后的痛苦）。这是他第一次收起以往的大哭大闹，尝试以理服人、以情动人，我怎么能错过这次机会，而用父母的强权打击他呢？

"好吧。"我说，"等我和你妈征得老师、校长的同意后，你就能穿短裤去上学了。但你得先穿雪地靴在外面。如何？""成交。"

他开心地拿出雪地靴，而我开始给学校打电话。几个星期后，校长宣布把儿子的生日定为学校的"短裤短裙日"，校长本人也会穿短裙去上班。那时还是2月中旬，我们都感受到了来自这个社区共识的温暖和舒适。

每个家庭都该养成"餐桌会议"的习惯

随着孩子们越来越大，我在各种家庭谈判中输得也越来越多。他们有时会把我说得哑口无言，让我十分生气，但这也让我感到无比骄傲。回想这个过程，我最大的心得是，每个家庭都应该养成"餐桌会议"的习惯。

亚里士多德还曾专门为此提出过4条详细建议：

1. 家庭辩论是为了教会孩子自己做决定。当你和孩子分析一件事情的不同角度时，记得给孩子一个明确的选择（比如暑假是去沙滩玩，还是爬山）。更要记得告诉孩子，他们可以提出完全不一样的看法（比如暑假既去沙滩玩又去爬山），然后让他们自己根据现实情况做决定。

2. 聚焦在未来。关于过去或现在的讨论，总是低效的。"谁把玩具弄脏了""好孩子不会把玩具弄脏"都不如探讨"我们应该怎么做才能让玩具保持干净"有价值。

3. 奖励正面的情感。对于所有尖叫、生气等行为，都取消奖励，这时候顶多说一句"回来，你能做得更好"。只有好好参与讨论的孩子，才能得到奖励。

4. 偶尔让孩子赢。当他们为自己想要的东西据理力争又颇有几分道理时，没有比好好奖励他们更有价值的了。过去我图方便，经常用慢炖锅煮各种食物，后来儿子受不了了，说："即使一只猫，它的食物也不会总是湿漉漉的。"

说得多好，我第二天就买了一堆汉堡。

园丁与木匠

文 | 苗炜

最近在看一本书，书名叫《园丁与木匠》，作者艾莉森·戈普尼克是美国加州大学伯克利分校的发展心理学教授。她一生的研究都围绕儿童的成长及儿童的认知展开。她养育了3个事业有成的儿子，又做了祖母。这本书中一个最主要的观念是，养育、抚养是一种典型的木匠思维。木匠是什么？木匠是一种职业，是根据自己的想法、蓝图，制造一张桌子、一把椅子。无论成品是桌子还是椅子，它的优劣都可以用来判断木匠的好坏。养孩子也是一样——你有一个原材料，就是你的孩子，只要你足够努力，技术和专业过硬，你的作品就会是一个聪明、成功、幸福的大人。所以，在主流文化中，亲子关系的图像其实就是木匠和桌子。

然而，没有任何科学证据显示，那些中产阶级父母万分纠结的育儿技巧，比如是和孩子一起睡还是让他单独睡，做多长时间作业，玩耍多长时间，对孩子的长远发展有什么影响。是否拥有一对温暖、有爱的父母，对一个孩子的人生影响巨大，而父母纠结的那些育儿技巧其实并不重要。

为什么会这样？

一个很好的比喻就是园丁。如果你是一个园丁，你就会知道，你可能在花园里忙了一天，累得汗流浃背，但那些花花草草没有一个地方是按你的心意生长的。用中国人的话说，就是："有心栽花花不开，无心插柳柳成荫。"

这里面其实有很深刻的道理。因为园丁在种东西的时候，不是想着要种出最大的西红柿，或者最美的兰花，而是要创造一个生态系统，各种植物都可以在里面扎根生长。只要保证土壤丰饶、空间安全，花花草草就能以各种你预料不到的方式自行应对环境的变化。

从进化生物学的角度来说，这就是人类童年的全部意义所在——创造和保护这种生态系统，在这个生态系统里，会发生各种新奇、怪异、有趣、难以预测的变化，孩子可以自由探索应对的方法，等他们长大以后，能做出上一代人预料不到的事情。

戈普尼克认为，在理解真实世界（包括人）的层面，儿童的思维方式与科学家的思维方式类似，他们观察、假设、推理、实验、求证，由此形成关于周遭世界的因果脉络图，并对其可能性保持足够开放的态度。根据她的研究，儿童很早就懂得揣摩母亲的心思，并根据其回应发展出"内在运作模式"。比如安全型婴儿断定照顾者会尽快安抚他们，他们会迅速恢复良好感觉；逃避型婴儿认为表达痛苦只会引起更多的不幸；而焦虑型婴儿则不确定安抚会不会奏效。这些模式与对外在世界的认知理论十分相似，只不过是关于爱的理论。

儿童对假扮、假装游戏的热衷，是一件让人费解的事情。3岁的儿童在想象世界中度过的时间，远远超过在现实世界中度过的时间。无论堆积木、按下百宝箱的按钮、玩过家家，还是假装自己是公主、王子或者美人鱼，这些游戏本身没有明显的重点、目的或者功能，它们不是对未来生存技巧的预演，但这些行为具有一种特殊的、典型的人情味，且极具价值。这是因为他们在利用自己对这个世界的了解——也就是他们的"科学理论"，来想象这个世界可以有什么样不同的姿态。而在构想一个虚幻世界时，他们的方法与小说家或者戏剧家的方法类似。作为一位科学家、哲学家、无神论者，艾莉森·戈普尼克一开始所描述的都只是孩子的想象而已。这是人类最擅长的东西——将想象变成现实。

　　她认为，两种根本能力——发现世界的真相（理论）与创造新世界（想象），共同构成了人类最重要的进化优势。这两种能力是一枚硬币的两面，"理论"告诉我们什么是真的，什么是可能的，以及怎么能够实现那个可能性。当儿童学习和想象的时候，他们是在利用已有的知识，创造新的可能性。

2018，我宁愿孩子做一枚学渣

文 | 艾 川

那天早上，上小学四年级的儿子上学前走来说再见时，我还坐在茶几前生闷气。

就在5分钟前，我抓起一本英语课本朝墙上狠狠掼去，嘴里吼着："不想读就不要读了！"儿子一脸错愕地望着我，不知所措。

本来是特意早起陪儿子吃早饭的，后来吃完早饭，妻子一看离上学时间还有十几分钟，就拿出英语书说："要不再让儿子读一遍英语吧。"过两天就要月考了，这些天我们都在催着儿子做习题、背课文。看到儿子站在书桌前，嘴里嗫嗫嚅嚅，一副很不情愿的样子，我心里骤然升起一股无名火。但书扔出去后，我就后悔了，十分自责，一时间不知怎么开口，只有默默坐着。

作为一个专栏作家，我经常撰文批判国内的应试教育，但我惭愧地发现，自己正在走向曾经的对立面，却又深感无能为力。

1

儿子刚出生时，我对妻子说，只要儿子健康快乐地成长，我就很知足了。儿子上幼儿园后，我们因为反对超前教育，所以没有送他上什么学前班、幼小衔接班。我们希望能够给儿子一个完整的、快乐的童年。

但这一切从儿子上小学后发生了变化。

当初为了避免小升初的烦恼，我们送他进了一所直升初中的民办小学。这所民办学校在本地排名靠前，报名和录取的竞争非常激烈，那年报名1800多人，最后只录取了70多人。录取的很多是"牛娃"，开学那天，已经有小朋友能够用英文上台演讲。刚入学时，老师让学生在一本书上画出认识的字，结果很多家长提议只画不认识的字，因为认识的字多得实在画不过来。100道口算测试题，班上同学最快的2分多钟做完并且全对，而一般要求是5分钟以内做完即可。

我们这时才发现，儿子可能是班上唯一没有上过课外培训班的学生，而班上有的"牛娃"一星期要上10个课外班（绝无夸张），上三四个课外班是非常普遍的事情。我们的世界观就此轰然崩塌了。

刚开始，我们还精挑细选地给他报了书法班和英语班，可又发现班上多数同学都在上奥数培训班，有的同学甚至同时上两个奥数班，我们只好抱着让他能学多少是多少的态度，又给他报了奥数班。

到后来，我们竟然还给他报了阅读理解和作文班。知道这意味着什么吗？意味着我们对教好儿子语文也完全失去了信心。我自己一年要写两三百篇文章不说，妻子也是媒体记者，以前写的新闻报道经常获奖，一篇几百字的通讯，在她笔下都能写得活灵活现，至今还不时有家长来向她请教怎么提高孩子的阅读和写作水平。可是我们针对儿子的"自然写作法"，在学校的模式化教学面前，彻底落败了。

儿子虽然文笔稚嫩，可我们发现他经常会写出一些灵光闪现的好句子。而学校作文的主要要求是字迹整洁、主题分明，还要有明确的中心思想。以我们的方式教他阅读与写作，只会让他与现行考试模式格格不入。这实际上是两种教育模式之争，但我们既没有足够的信心去反抗，也不敢拿儿子冒这个险。

但妥协不是没有代价的，这意味着我们必须主动适应这套教学方式，这本身就是一件很痛苦的事情。

民办学校比公办学校要求严格，虽然表面上也在说减负，其实负担有增无减，儿子每天背着石头一样重的书包上学，背着石头一样重的书包回家。学校每单元一小测，每月一大考，全班排名，并在全校表彰。一开始，我们接到学校考试排名的短信还会犯嘀咕，到后来只有跟着节奏，密切关注儿子的考试和排名情况。

越是在乎成绩，越容易焦虑，不自觉地就会把这种情绪转嫁给儿子。这就是那天早上我不期然发火的一个原因。

对于儿子来讲，这更是一种煎熬。

他原本是在无忧无虑的环境下成长的，我们以前一直灌输给他的观念是：学习成绩不是最重要的，重要的是做人要善良，要开开心心的。可他突然发现，不仅自己的父母说一套做一套，天天逼着他做作业、上课外班，身边的同学也是以成绩论成败：如果你学习成绩不好，你就什么都不是。在他看来，班上只有两种人：一种人叫学霸，一种人叫学渣。不知道从什么时候开始，他把自己归入学渣的行列。有一阵子，"反正我就是一枚学渣"这句话成了他的口头禅。

每次听到他说这句话，我的内心都在抽搐流血。我们的世界观塌了，儿子的世界观也摇摇欲坠。我们就像身处矿道之中，灯都灭了，找不到出口。

2

子女教育是许多家长排在首位的焦虑源，但不同收入水平的家庭对这个问题的痛感并不一样。

位处中产下层的人群虽然收入相对低，但思想负担也相对轻一些，他们不会瞻前顾后、犹犹豫豫，他们该摇号就摇号，该抢跑就抢跑，争先恐后抢占各种稀缺的资源。

实现财务自由的家庭，早早就为子女做好了打算，要么初中就让其上国际学校，要么读完高中就将其送到国外留学。把孩子生在国外的，通过人才计划、投资移民办绿卡的也大有人在。我身边就有不少这样的例子。

演员邓超在接受媒体采访时说："我现在不给等等（邓超的儿子）补任何课外课，就是运动，让他彻底地享受童年。输在起跑线就输在起跑线，但我要保存一个很好的等等，我不要他担负那些学习的压力。"这番话刚说完，就有人戳破真相：你儿子的起跑线，已经是许多人终其一生也达不到的终点。名利地位远高于中产的邓超们，自然用不着和其他人抢起跑线。

那些处在夹层的人，才是明显充满焦虑感的群体。他们看到国内教育各种怪现状，又一时难以跳到体制外；他们可能想过移民，盘点手上的房产房贷，又不敢破釜沉舟；他们有时自诩精英，不屑于把狼性教育用在子女身上，却又不得不扮演虎爸虎妈的角色；他们还残存着些许理想主义，但除了精神上的认同，在现实中已经看不到任何追求理想的痕迹。

这一群中产即便不是伪中产，经济地位和价值观体系也是十分脆弱的。在城市里，他们可能有一份尚算光鲜的工作，拥有1~2套公寓式住房，但只要经济出现一些波动，马上就整个人都不好了。他们的中产生活，实际上建立在随时可能断裂的链条上。他们看上去有房有车，却背负着巨额房贷，如果经济下行，收入下降，家里的现金储备可能维持不了几个月，生活品质更可能出现断崖式下滑。他们的所谓中产自觉，随时可能变成中产幻觉。

没错，说的就是像我们这样的中产。从收入水平来讲，我们固然是典型的中产，但要讲到面对现实的腾挪能力，说好听点叫比上不足、比下有余，说难听点就是不上不下、不尴不尬。在这一点上，我们比不上本地"原住民"。比如我有一位朋友，他们家拆迁后，光房子就分了四五套。他对待生活的那种从容淡泊，根本无须刻意营造。

我和妻子都是在农村成长，靠多年打拼进入城市工作，最后在城里安家。按理说，拥有一份相对稳定的工作和收入，孩子落户在城里，上一所排名靠前的民办学校，年届中年的我们应该可以"岁月静好"了。可是面对当下的现实，我们始终无法安下心来，甚至感觉压力比任何时候都要大。

除了对孩子教育的强烈焦虑，我们还不得不面对各种各样的压力与责任。工作的压力、赡养父母的责任、房贷的压力，以及面对曾经的理想渐行渐远时无以名状的焦虑。这其中既有中产的焦虑，也有中年的责任，叠加在一起，构成了我们日常生活的变奏曲。

时下，嘲笑中年人似乎成为一种流行。可说实话，这一代中年人格外累。这一代人，好不容易打拼成中产了，才发现路漫漫其修远兮，任务尚未终结。上一代人的人生大局已定，指望着颐养天年，下一代人再不济，也有一两套房子等着继承。唯独像我们这一代中年人，事业都是自己打下的，到头来不仅要守得住"江山"，还要继续"开疆拓土"，让子女能够从容地"把生命浪费在美好的事物上"。

3

2017年过去了。有人问，新一年里，我们的日子会变好吗？

可以预见的是，社会还是会沿着惯性前行，许多事情不可能轻易改变。但是儿子的变化，让我们深刻体会到，不能再一味向现实妥协。

那天早起，其实是因为妻子告诉我，前一晚儿子因为背诵不熟练被我们训斥一通后，临睡前用手指戳自己额头，不断地说着"你怎么这么笨"之类的话。这不是第一次发生了。一听这话，我赶紧爬起来，想好好安慰儿子一番。结果，事情又变成了那样。不就是一次月考吗，为什么把我们紧张成这样？说到底，不是儿子有问题，而是我们有病。

感觉儿子状态有些不对劲，是因为一段时间来，他回家经常抱怨被其他同学欺负、排挤。有一次，他慷慨激昂地向我们控诉："难道学霸就一定人品好，学渣就一定人品差吗？现在学霸就是高高在上，把我们踩在脚底下！"我们当时以为他只是闹情绪，并没有太在意，而且我们觉得，碰到问题应该学会自己面对，所以只是从这个角度去劝导他。

直到有一次，他对我们说，感觉自己得了抑郁症，性格扭曲了。这时我们才感觉一定是发生了什么事情，但一直找不到问题所在。直到最近有一次开家长会，老师拿出一份小组打分表，让家长看各自小孩的表现，我们才恍然大悟，问题可能就出在这份看似简单的表格上。

这份表格的划分非常细致，从作业完成情况到上课举手发言、考试成绩表现都有加减分，此外还有一栏行为习惯，分类就更加复杂了，包括上课有没有做小动作、午餐时有没有讲话、课间有没有乱跑，甚至包括做眼保健操时有没有睁开眼睛，都有扣分项。这些行为表现的打分权掌握在班干部和小队队长手里，每个星期评选出得分最高的小队和个人。

这意味着从儿子进校门开始，就有许多双眼睛盯着他的一举一动，随时对他做出评价。这种打分制度是否合理暂且不说，小孩的心智尚且不成熟，能不能客观公正地给其他同学打分，本身就是一个问题。果不其然，后来我找了多份打分表一看，排在前面的基本上都是班干部和小队长，其他人都是靠后或垫底。

儿子的分数也是如此。前面的课堂表现分差别不大，但行为习惯分和其他同学差距很大，有时甚至是负十几、负二十分。原来，有的同学经常故意向打分的人举报他说话或者有别的"违规"行为，而如果他稍稍辩解，就会被加倍扣分。他没有打分权，所以别人扣起他的分来也就毫无顾忌。

而分数一旦落后，影响小队排名，他又会受到小队其他成员的嘲笑和指责。他曾经告诉我们，有的同学骂他"生下来就是一个错误"，还有的同学因为他经常被扣分，不允许他课间外出活动。一开始我们还不相信，后来才得知，原来这一切都是真的。

这种让一群人监视另一群人、鼓励互相揭发的制度，实在让人无法忍受。如果连这都可以妥协，那更应该叫"同流合污"。也许我们不能改变制度，但至少可以改变自己，让儿子真正感受到父母的爱，而不再感到孤独无依。毕竟，对于学校来讲，儿子只是一个普通学生；可对我们来讲，儿子是我们的全部。

当时我就对妻子说，现在的问题不是儿子的成绩好坏，而是再这样下去，我们很可能会失去他。我们原来与其说在乎他的成绩，不如说在乎我们自己的面子，但从今天起，再也不能这么干了。如果我们期望儿子成为一个善良而快乐的人，就应该陪着他往这个方向一路走去。哪怕在别人眼里他只是一枚学渣，又有什么关系？

开完家长会的第二天早上,我走进儿子房间,抚摸着他的脸说:"儿子,爸爸知道你这段时间受委屈了,这都是爸爸妈妈的错,我们要向你道歉。我们保证,以后不会在乎这份打分表的任何记录。"

从那一刻起,我们至少知道自己该做点什么了。

4

这是我们一家在 2017 年的生活片断。请原谅我絮絮叨叨说了这么多,不过我知道,虽然细节不同,但这背后折射的问题也是许多人正在面对的。

而我现在相信,缓解这种普遍焦虑的办法不是妥协,而是坚持。妥协只会把人带进黑暗无际的死胡同,只有信守与坚持正确的价值理念,才能无愧于内心,也才能引领自己和家人自信地走向未来。

"不要温和地走进那个良夜",否则,生活会像温水煮青蛙一样,吞噬我们所有人。

我女儿想当公主

文 | 画眉

1

一放学，6岁的女儿就愤愤地告诉我，今天，平时和她玩得不错的一个小朋友当着别人的面说她："你们看，她个子这么矮，还想当公主呢！"

"那你是怎么回答的呢？"

女儿的小脸红了，小声说："我当时说，我没有想当（公主）啊。"

因为当时周围比较乱，我抱了抱女儿小小的身子，没有说什么。晚上她做完作业，我问她："我记得从小到大，你一直很想当公主的，现在不想当了吗？"

女儿的眼圈有点红，没说话。

我搂住她："宝贝，当公主是很美好的事情。如果你想当，妈妈支持你。当然，如果你不想当，我也支持你。"

女儿有点急："我想当啊。"

"是吗？为什么那个小朋友随口说了句闲话，你就不敢承认了呢？"

女儿看着我的眼睛，一字一句地说："妈妈，我说错了。我特别想当公主。"

我当然不是在责怪女儿，只是提醒她观照一下自己的内心。

事实上，又有几个成年人敢于承认自己拥有"特别想当公主"的心思呢？

"也太自不量力了吧！"很多时候，我们甚至不是害怕别人的评判，而是压根儿不相信自己。

2

就我目之所及，从中国到美国，从印度到泰国，还真没有一个小女孩不想当公主的。这也是迪斯尼的"公主情结"多年来长盛不衰的缘由吧。

只是时代在变迁，公主的定义多有不同：过去的白雪公主、灰姑娘，只需要美丽善良会做家务，然后坐等王子拯救就好了。现在的爱莎公主等则复杂许多：除了拥有美丽之外，还需要超能力，会有小情绪，能辨别"渣男"，肯普度众生。穿一身浅紫色蓬蓬裙的索菲亚小公主更出身于单亲平民家庭，身为裁缝的妈妈因为给鳏夫国王做衣服而与之一见钟情，小姑娘这才从头开始学习做公主。假如她不是那么聪明善良、宽容勇敢、懂得自嘲、不惮反击、热情助人、努力学习，会那么迅速地令所有的人折服吗？

那么，"不幸"没有机会生活在迪斯尼王国的普通女孩们的公主梦，该如何进行下去？有一回和畅销书作家金韵蓉女士对谈，她的一句话令我顿生好感，因为很真实，她说："没有女人不想当公主。都是当不了，才借口说自己不想当。"

如果说诚实就是骄傲，那么，我好欣赏这份骄傲。真高兴金老师年过半百，依然保有"公主"梦。而且，她做到了：白手起家、胼手胝足地创业；不断学习，考到各种高难度证书；从文字"小白"一步步成为畅销书作家；也许天生长得并不那么耀眼，但随着年龄的增长，越来越多的人为她的美好气质而折服……

3

之前我也不敢承认我想当公主。差别太大，遭人笑话。而且太累——优雅是一种忍耐。女儿说她是小公主、我是大公主，我赶紧撇清，一来怕和"公主病"扯上干系，二来我不够相信自己。

慈禧太后贴身宫女的回忆录《宫女谈往录》里讲道：被八国联军打得狼狈西逃的慈禧太后一行，冒着逼人的酷暑，坐着颠簸的骡轿，忍着密布的蚊虫，一天只啃半个玉米，晚上不得不在土炕上枕半个破瓦盆睡觉……更可怕的是前程叵测、生死未卜。但整个行程中，从慈禧到皇后再到每个格格，始终安静娴雅，半句怨言也没有。

且不论政治因素，必须承认：身处逆境时，这样的表现才是真正的公主。当年的"永安公主"郭婉莹——上海滩最时髦的百货公司永安百货老板、中央造币厂厂长的四小姐，曾经出尽风头，而当太平洋战争期间丈夫失业时，她可以同时做两份工作来维持家庭开支。晚年时国外记者问及这段岁月，她平静地微笑道："这些劳作有助于我保持身材。"

一个真正公主的基本修养是会讲究，能将就。"公主病"？对不起，公主病里才没有公主。

4

生理需求、安全需求、社交需求、尊重需求、自我实现需求——从马斯洛的需求层次理论看，小女孩们显然比妈妈们勇敢许多。当妈妈们纷纷在第三、第四层次步履维艰、跌宕挣扎的时候，孩子们的目光已经坚定地定格在最高层次的需求上。她们比成年人更懂得美的真谛，更相信自己生而为美。

是的，很久、很久、很久了，我不敢相信自己。

理由很简单：在我还不知道自己是谁的时候，我爸，我生命中最重要的监护人，就以打击我为己任。

明白他首先是一个不可能完美的人，其次才是我父亲；他对我的全部苛求，不过是他对自己的不满的转移，乃至对他自己原生家庭愤怒的宣泄。拥抱自己内在的小孩，学习做自己的内在父母，摈弃我爸劈头盖脸丢给我的那套自我践踏理论，重新了解自己、拥抱自己，我花了几乎半生的时间。

谢天谢地，我尚余半生可以发扬，并享受上天赐予我的美好。

谢天谢地，我还来得及对我的小小女儿说："没错，每个女孩都可以是公主。只要你有一颗高贵的心，你可以成为自己想成为的任何人。"

懂事的孩子最可怜

文 | 韩大茄

1

我侄子今年 8 岁，暑假在我家住，因为受综艺节目和同学的影响，他很想去体验一下玻璃栈道。

我告诉他，只要他在一个月内，认真地把暑假作业做完，且保证 85% 以上的正确率，我就带他去。我的要求很明确，怕他耍小花招。

侄子的学习成绩一般，要达到高正确率，必须很仔细、很认真地去做每一道题。那一阵子他电视也不看，iPad 也不玩，起床后就认真写作业，每一道题都写得工工整整，无可挑剔。他似乎生怕我会以其他理由取消这次计划。

这一切在表姐的孩子来我家后被打破了。在饭桌上外甥听说了我们的"玻璃栈道约定"，就嚷着要表姐带他去。表姐告诉他，想去的话就要像弟弟一样认真完成作业，作业做好了就带他去。

外甥一听就不高兴了，直接把筷子"啪"地摔在桌上。他马上躺到地板上，哭着滚来滚去，嚷着就是要去玻璃栈道，就是要去，马上就去。任我们怎么劝都无动于衷，他一边蹬腿，一边哀号。表姐无奈，只好答应带他去，明天就去，作业先不写了。

侄子看到这些，默默地走进自己的房间。过了一会儿我进去的时候，发现他正坐在床头伤心地哭泣。

那一刻他虽然没说什么，但我懂他伤心的原因。因为我从小也是一个试图以懂事来讨好成人世界的孩子，我明白他那一刻的嫉妒和委屈。

2

我小的时候，就是父母眼里懂事的孩子。我总是体谅他们的难处，很少向他们要求买学习用品之外的东西。

记得我在初中的时候，看上了一款 CD 随身听，每到放假我都会去商店门口看它几眼。因为它被锁在柜台里，我趴在那里看的话，热情的柜员会走过来，提议我试一下效果。

我已经试过一次了。当我戴上耳机，按下播放键后，悦耳的音乐迅速向耳膜倾泻而来，我整个人被震撼得地久久不能自已。当时我多么想把它拿走，抱着它躺在床上听个天翻地覆。可是我没有钱，只好恋恋不舍地放下它，告诉店员我不喜欢，我再看看。店员只好把 CD、耳机各自放回原位，眼神里满是鄙夷和不耐烦。

店员的情绪让我很尴尬。自那以后，每当我惦记它的时候，都会佯装在店门口等人，四处张望，漫不经心地瞟 CD 机两眼，望梅止渴。

我当时那么想要得到它，但我从来没有跟爸妈讲过。因为那并不是一个上学的孩子应该拥有的东西，而且价格较贵，身边也没有几个小伙伴有。甚至，爸妈都没听说过这种东西，我觉得我没有理由增加他们的负担。

但理智压制不住渴望，我做梦都想得到它。想凭零花钱买到它基本是不可能的，那一阵子我每天都过得很失落。

后来，我想到一个办法——攒压岁钱去买。以前的压岁钱我都是主动上交的，那一年我想据为己有。几百块钱揣在兜里，眼看就要开学了，我就可以奔着我的 CD 随身听而去了。可是，记性好的妈妈打破了我的所有计划。她提出了一个"替我保管"的方案，将我的所有"资产"没收了。把钱掏出来的时候，我的心在滴血。

那一刻我想，如果我撒着泼打死也不上交，妈妈也拿我没办法，顶多会感觉到有点儿失望而已。可是我做不出来，我乖乖地把带着体温的压岁钱掏出来，还装作毫不在意的样子。

我一直都是这么让人省心。

3

懂事的孩子，比如我，从小就会察言观色，擅长从一些事物的细枝末节去分析大人的情绪。在合适的时间，永远都只做合适的事，压制自己的欲望，顺应大人的想法。

懂事是一种"毒"，一旦让别人形成这个印象，它就会绑架你，让你坚持下去。因为我很早就知道，一个"熊孩子"只要做一件暖心的事，就会让人交口称赞；而一个懂事的孩子做一件出格的事，就会让父母大失所望，感觉前功尽弃。所以，有时候我必须顶着"懂事"的光环坚持到底，不断地忍让。

作为一个标准的懂事的孩子，我的这份乖巧并没有让我感到骄傲。虽然从小收获了不少的称赞，但是我却丧失了这个年龄段的孩子该有的放肆和任性。很多在童年该尝试的事情，现在已经补不回来了。

我越来越发现，懂事的孩子其实很可怜。他们拥有这个年龄不该有的稳重和踏实，却失去了这个年纪该有的童真和童趣。

所以，对于懂事的孩子，除了夸他懂事以外，请尝试给予他更多的温暖，给他一点儿任性的机会，让他有机会活出自我。

4

我把侄子叫过来，对他说："我明天就带你去体验一下玻璃栈道，作业嘛，回来再写！"

他听完高兴地跳了起来。我在他的眼神里看到了明媚的光芒。

被套路扼杀的创造力

文 | 闫 红

大约20年前,我去北京,拜访女作家冯秋子,她拿出儿子的作文给我看。我非常惊奇地发现,那个淘气的小家伙居然写得那么好。

至今记忆犹新的,是一篇《我用树枝碰伤了蚂蚁》,他详细地描写,他是怎样发现蚂蚁,想把蚂蚁引到某个地方,因此特别精心地去挑选树枝,对于长短和含水量都有一些自以为是的要求,但是一个不小心,还是把蚂蚁碰伤了。

短短几百字,将当时的情景几乎全须全尾地还原,我忍不住再三称赞。冯秋子也很高兴,叫来儿子,对他说:"这位阿姨是个作家,她也认为你写得好,别信你们老师的。"那孩子心不在焉地听着,忍耐了一小会儿,就甩脱妈妈拽着他的手,跑到别的房间里玩去了。

冯秋子跟我说,她也觉得儿子的作文写得不错,但老师并不这么认为,总是问,你到底想表达什么呢?你要提炼一个什么样的中心思想呢?如此一来,孩子对于自己的作文也没有了信心,虽然她再三鼓励,但孩子总是更相信老师的话。

这件事给我留下了深刻的印象,只是我当时并不知道这意味着什么。

那次从北京回来不久,我离开家乡,来到省城的一家报纸做副刊编辑,因此得以认识很多对写作有兴趣的人。在交谈中,我发现他们中的不少人,有着让我自叹弗如的语言天分。

他们叙述一件事时能够说得活灵活现,描述一个人时你都能在他们脸上看见那个人的脸。他们也不乏对于生活的各种真知灼见,有的还非常精妙,长句短句并用,如大珠小珠落玉盘。这时我的职业病就会发作,撺掇他们说:"写吧,写下来吧,拿到我这里发表。"

过了一阵子,其中有些人还真的写出来,发到我的信箱里,对着屏幕,我却只剩下哭笑不得的份。

这不是我想要的那篇文章,也不是当初他们神采飞扬地讲述时的样子,屏幕上的文字干瘪、苍白,同时又刻意堆砌,一堆堆的排比句,差点让我患上非典型性密集恐惧症。更要命的是,末尾往往还突然强硬地升华一下。

那些饱满鲜活的字句,就被这一堆堆让人无语的文字杀死了,成了像是在工业流水线上生产出来的标准化产品。

每次看到,总觉得遗憾,不知道问题到底出在哪里。后来有一次,我在一个亲戚家做客,他也很愉快地拿出孩子的作文给我看,我瞬间发现了症结所在。

在我看来,这个四年级的孩子是有写作天分的,比如他写自己生病时等待手术,笔下有这样的句子:"一会儿来一个护士,一会儿又来一个护士,这一天就这样过去了。"这个句子把他当时烦躁又无奈的心情表达得很充分,然而老师并没有给他在句子下面画线,只是在文末批了个淡淡的"阅"字。

亲戚打开手机上的QQ,给我看老师上传到班级群里的作文,看了几篇下来，我发现这些作文有些共同的特点，一是语言华丽，会使用很多的形容词和各种成语；二是思想最后总能得到升华，比如说梅花，最后必然要引向傲立寒霜；写小草，最后总要学习它的不屈不挠……

我忽然明白了当年的那个小朋友的老师为什么说他写得不好，他的作文和老师心目中的"好"之间，就差一个套路。

我也明白了那些本来极具表达才能的朋友，为什么下笔时立即换了一种腔调。多年来处于这种训练下，已经没有勇气表达自己的真实感受了，会觉得这样不像是在"写"，即便舌灿莲花，一下笔，就本能地换成了这样一套话语体系。

但是，也怪不得老师们，他们有什么办法呢？我们现在的教育体系，并不致力于培养包括表达、思考在内的各种能力，万马奔腾、声浪滔天，全是奔着高考去的。寒窗十载，无数篇作文最后都是要呈到阅卷老师那里的，只有他们能决定"画眉深浅入时无"。

我还记得读书时，老师一再提醒，阅卷老师的时间非常有限，如果不能在第一时间内把他的目光抓住，就很难得到一个高分。想抓住阅卷老师的目光靠什么，套路？用套路，把所有毛躁、自我原生态的感受，变成精致整齐的标准化文字，让阅卷老师瞬间能找到进入途径。

一篇标准的塑料文字长啥样，积我若干年写作文上考场之经验，做到这几点就赢了。

一是苦大仇深、对比鲜明，别怕编故事。这些年，很多人都总结出来了，作文里出现缺爹没妈的事迹最容易得高分，这个爹妈要是当老师的，那就更好了，很容易引起阅卷老师的共鸣。至于是否真实，并不重要，反正替老师说话这件事政治上是正确的，要是有人较真，只要来一句："我且问你,老师们到底辛不辛苦?"立即让对方哑口无言。

二是主题升华,像前面说的,寒梅的品格是傲霜,小草的特质是柔韧,父母一定慈祥善良,集各种中华美德于一身——尽管我平时在微博上或是微信里,能看到很多更为深刻也更为动人的和父母的碰撞,但你要是到考场上写这些必然死翘翘。

三是使劲放华丽辞藻,珠光宝气,琳琅满目,在阅卷老师一扫眼之际,先把他镇住。我还见过更加登峰造极的,凭着满篇一般人没见过的古文字,得了个满分。后来有记者去采访,那小同学倒也实在,说都是他考试前现背的,写作文的时候,想方设法全用上了,效果果然不错。

其实这也不是这位小同学的发明,林语堂所著的《苏东坡传》里有个情节,苏轼参加考试,在试卷上写:"当尧之时,皋陶为士,将杀人。皋陶曰杀之三,尧曰宥之三。故天下畏皋陶执法之坚,而乐尧用刑之宽。"判官梅圣俞都没看过这个典,以为自己露了怯,后来见了苏轼,不免要请教典出何处。苏轼坦然地说:"我瞎编的。"

不知道梅圣俞当时做何反应,反正我当年看到这里时拍案叫绝,觉得真是个好办法。

但是人家苏轼那时候同时进行的还有诗歌创作上的训练,现在的中学生,写作业都要写到凌晨。

在这样的流水线上,规整、模式化是必需的,"我手写我心"可以拿远点。

当然,也有天分过人者,能从这一套里脱身,成为出色的写作者,但是中学教育更重要的目的,并不是培养作家,而是提升所有孩子的表达能力。巨大的套路,成为很多人一生表达上的禁锢,这很荒谬,也很可悲。

你是不是孩子的梦想破坏者

文 | 曾颖

美国电影《牙仙》，讲述的是一个缺乏想象力和幽默感的冰球明星，因为不断让周围的小孩梦想破灭，成为"梦想破坏者"。为了惩罚他，上帝让他去当专门收集小孩牙齿的牙仙。因为越来越多的孩子与家长不再相信把掉落的乳牙放在枕头下面，会被牙仙取走并留下一块钱，冰球明星因此吃了非常多的苦头，但在与孩子们的接触和交往中，他懂得梦想对他们的重要性。

这是美国儿童片中最常见的主题之一，足见在美国电影人眼中，"失去梦想"是一件多么可怕的事情，而作为一个"梦想破坏者"是多么可怕而可耻的事情。

朱德庸在《绝对小孩》里有这样一段话："每一个小孩子都具有魔法，这种魔法，只有小孩子能看见。"正是因为这种魔法，他们才会和小猫、石头或花说话；他们才会把玩具小熊当成弟弟妹妹；才会悄悄把鸡蛋揣到口袋里，幻想一只小鸡或鸭子甚至恐龙从里面孵出来；才会相信圣诞老人会从烟囱里把礼物扔下来，并因此在圣诞节前给圣诞老人写信……

因为这些幻想，世界因此变得不再如大人们所看到的那样呆板平庸；生活也不再如绝望者所看到的那样枯燥乏味；孩子们会在平凡的生活中，找出不平凡的色彩；他们的人生，因为梦想而变得不同。

某些家长，特别是害怕"孩子输在起跑线上"的家长，会很实在地将孩子们这些超越现实的梦想拉回到现实中。因为对于某些人来说，早一点认识社会的本质，是奔向成功的最关键元素，仰望星空，会妨碍脚下赶路的。

于是，就有了大人粗暴的话语：别傻了，你的体温是孵不出小鸡的；别傻了，世界上是没有圣诞老人的，都是商店的售货员装来骗你钱的；别傻了，小猫是不会说话的；别傻了，小玩具熊是没有生命的……

随着这些轻描淡写的解释，一个个童话纷纷落地。传统的中国人有一个衡量人成长的标准，就是还相不相信童话。许多人为了证明自己成熟，而纷纷让自己远离那些不切实际的梦想。而他们长大后，把驱散小孩的这些想法，当成教育孩子成长的不二法门。因此，许多成年中国人缺少梦想能力和幽默感，觉得世界无趣。

从我女儿小美牙牙学语时，我就喜欢事先把巧克力藏在她的衣兜里，然后做念咒语状，让她至今都相信爸爸会变出巧克力。她因此很快乐、很自豪，而如果有人试图告诉她真相和秘密，我会跟他急！我也劝那些为人父母者，不要再一次次地扮演残忍的"梦想破坏者"。在孩子的世界中，梦想比什么都重要。

德国小妞和中国宝贝，暑假都在干什么

文 | 〔印度〕孟莎美

这个夏天，我和家人在德国科隆的好友家住了一周。朋友有两个女儿，分别为 15 岁和 12 岁，都在上中学。

我们到的那一天，正好是暑假前最后一天上学，两个德国小女生欢呼雀跃着从学校回来了。

第二天，她们难得地睡到了自然醒。起床后，她们坐在院子里享受妈妈准备好的早餐，然后开始为一位朋友晚上的生日派对准备礼物。父母是不会花钱帮她们买礼物的，一切都要靠自己想办法。

姐姐的礼物是用 iMovie 制作的一段生日视频。她精心收集了朋友从小到大的照片，配上彼此共同喜欢的音乐，又"街访"了路人，请他们用各种语言说"生日快乐"。妹妹的礼物，则是用缝纫机亲手做的一只环保布包。妹妹平时喜欢摆弄布料做衣物，父母不但没觉得她浪费时间，还送了个台式缝纫机给她。

不用说，姐妹俩没花一分钱但十分用心的礼物在派对上出尽了风头。

第三天，我起床后到厨房一看，妹妹已经在帮妈妈做早餐了。她喜欢做饭，才 12 岁就能给全家人做一桌子菜。

早餐后，她和姐姐又接着做饭——这一次，是为来自叙利亚的孩子。

姐姐上学期的一门课程是帮助一个叙利亚孩子"融入德国"。这个孩子名叫阿里，姐姐每周都要花一个下午的时间教他基础德语，把他介绍给附近的邻居，带他去超市购物，等等。这门课姐姐拿了个A，她和阿里也相处得很好。

姐妹俩觉得，放假了也不能耽误阿里的学习，于是，她们做好了午饭带到阿里家，准备和他一起吃饭，一起练习德语。对了，姐妹俩平时上学和出门都是自己骑自行车，完全不用父母操心接送。

再过两周，她们就要和父母一起去法国南部度假。但这并不是什么奢侈的旅行——全家自驾前往，住在小村子里的一幢旧农舍，每天采购食材自己做饭，然后就是散步、骑车、游泳、看书、发呆。

我算了算，两个德国小妞的暑假，除了全家租度假屋和用于交通的花费以外，几乎不需要比平时多花一分钱。

上海一位好友10岁的女儿，一个暑假下来，则几乎要花掉父母一两个月的收入。

首先，她参加了一个游泳班。在人头攒动的上海，游泳不是一项便宜的运动，教练费要花去几千元。她还上了英语、数学等两三个补习班，又花去了一笔不菲的费用。家长在大热天还要疲于奔命地接送孩子。

8月，父母还打算送她去参加一个"美国大学模拟夏令营"，让她"熟悉西方文化，培养国际视野"。不用说，这个"国际化"的夏令营，价格自然也是"国际化"的。

我把德国孩子的暑假故事讲给中国朋友听，中国朋友叹息说："欧洲人真幸福！"

我又把上海孩子的暑假故事讲给德国朋友听，德国朋友也感叹地说："难怪都说未来是中国的。"

冒险也是成长的一部分

文 | 陈赛

被改变的童年

T的女儿在中国人民大学附属小学上学。班上30多个同学几乎都住在离学校不过一两条街的小区里，但极少有家长敢让自己的孩子独自穿过那一条马路去上学。

有一次，一位母亲在微信群里发了一条消息，说孩子放学过马路时，拉杆书包被汽车给轧了，这个消息迅速传遍了整个朋友圈。

当然，这不是最让父母心惊胆战的。去年，小区的两个孩子走丢了，不到几个小时，附近所有小区的人都知道了，集体动员找人。最后在一家书店里把两个一脸茫然的孩子找了出来。原来两人只是结伴去看书而已。

与T见面之时，正值黄昏，出来玩耍的小孩越来越多。不远处一个小姑娘正跟着爸爸学骑自行车，一副兴高采烈的样子。但T告诉我，对于这些孩子来说，自行车只是一个玩具，她永远没有机会在大街上骑自行车。

我想起自己10岁时，已经骑自行车穿街走巷地去上学了。

大人从来不会安排我们的课后生活，唯一的警告就是别去河里游泳。没人警告我们不许跟陌生人说话，也没人担心我们会被坏人骗走，我们唯一的责任是晚饭时间准时出现在餐桌前。

但现在的孩子呢？他们的生活被井然有序地列在一张张补课表里。T的手机里就存着这样一张课表，红红绿绿地填满了她的两个孩子每天的课外生活。

我们应该怎么看待这几十年"童年"的体验如此翻天覆地地变化？包括什么是危险，什么是安全，什么是可接受的风险，什么是负责任的好父母……

为什么这样不安

从现代父母的眼睛里望出去，公共空间里到处都是危险，怕孩子走丢、怕孩子受伤、怕孩子被欺负，还有雾霾、食品安全……如果你问他们为什么这样不安，他们通常会给你一个奇怪的眼神：这还用问？现在的世界多危险！

这个世界真的更危险了吗？看看新生儿死亡率和幼儿夭折率就知道，我们处在历史上相对安全的阶段。关于拐卖，这个当代父母最大的噩梦，也是一个被过分夸大的危险。

张永将曾经是一名刑警，也处理过许多儿童失踪的案件，其中大部分是意外事故，真正的勒索或拐卖的案件都是极少数。即使在拐卖的案件里，亲买亲卖的现象也远远多于陌生人的拐卖。

但在这个问题上，家长们如惊弓之鸟。只是在新闻报道上听闻，就会产生强烈的焦虑感。就像一位母亲对我说的："我告诉孩子，只要在外面就要和妈妈在一起。我的手没办法拉他的时候，就会让他抓着我的衣角。"更多的父母，则采用的是"不"的教育："不要跟陌生人说话，不要跟陌生人走，不要吃陌生人的东西。"

"控制化的教育是最坏的教育，因为它没有提供任何解决方案。如果真的遇到坏人，他们知道'不能做什么'，却不知道'应该做什么'。"张永将说。他曾经做过这样的实验，一个小姑娘站在商场门口，一个人假扮坏人上来跟她说话，小姑娘显然很紧张，一句话不肯说，但她也不知道该怎么做，就一直跺脚，既没有逃，也没有呼救。"这时候坏人只要换一种方式，就会轻易得逞。"他说。

自信的孩子才是安全的孩子

美国心理学家玛丽·克罗斯曾说："自信的孩子才是安全的孩子。"自信来自哪里？自信一定来源于我能做什么，而不是我不能做什么。

与挫折一样，危险是人生的常态。真实的生活就是由风险构成，作为父母，我们不可能保护孩子一辈子不受任何危险的侵害，即使真做到了，对孩子的成长也是有害无益，因为表面上的保护实际上剥夺了孩子成长所需的真实环境。

所以，正确的方法就是在我们可控的范围内，让孩子多一些冒险体验。挪威心理学家艾伦·桑德斯特建议，孩子需要经历以下7大类冒险游戏：

探索高度，或者得到"鸟儿的视角"——她称之为"高度能够激起对恐惧的知觉"；拿危险的玩具——用锋利的剪刀、刀子或沉重的锤子，这些很难掌控，但孩子需要学着去掌控；接近危险的地方——在有大量水的河、湖、海或火的附近玩耍，这样孩子会锻炼出对环境危险的敏锐度；

玩混打游戏——如摔跤、玩乐性打斗，这样孩子能学会处理攻击和合作；速度——比如骑车或滑冰；迷路和寻找方向——当孩子们感受到迷路的危险时，就会有强烈的冲动去探索未知的领域；探索一个人独处。

孩子有了一定的生活经验以后，对很多事情就会有天然的判断力。一位母亲告诉我，她带3岁多的儿子去户外探险，10公里的山地，窄窄的山道上，儿子的身体会自然靠向山的那一边，而不是悬崖的那一边。

虽说母爱最终指向分离，但只有走过一条一条小路，蹚过一条一条小溪，将来才能走近大山大海。而这些自主快乐的时光，将来都会成为他们成长的动力。

好的小孩教不坏

文 | 林清玄

有一回我参加了一个有关青少年问题的座谈会，与会的专家都大谈教育问题，最后轮到我发言，我说关于教育，我的看法很简单，只有两句话：第一句是"好的小孩教不坏"，第二句是"坏的小孩教不好"。大家都非常惊诧：既然是这样，教育就无用了，那还要教育干什么呢？

这两句话并非无视教育的作用，而是说教育能做的事情实在是非常有限，因为每一个孩子出生在这个世界就像是一粒种子，种子虽小，却一切都具备了。假如这一粒是榕树的种子，那么就要像培育榕树一样来帮助种子成长，但是不管多么努力照顾，纵使用尽一切资源，也不可能使榕树的种子长成松树，或长成现在最昂贵的红豆杉。

教育所起的作用大概如此，即使再天才的教育家也不应该渴望把榕树变成松树，但我们的很多教育似乎都希望，通过努力让每一个孩子都成为红豆杉，于是耗神费力地做改变种子性质的工作，这是因为大家都相信红豆杉才是最有价值的。其实，红豆杉固然可以做雕刻、做家具，但平凡的榕树又何尝不是一道风景呢？

教育是在使一棵红豆杉长成好的红豆杉，尽其所用；也在使一棵榕树成长为好榕树，不负其质。如果教育是使红豆杉变成榕树，或使榕树长得像红豆杉，那就完全错了。而齐头式的教育将会使许多红豆杉变成榕树，或使榕树长得像红豆杉。

我说"好的小孩教不坏，坏的小孩教不好"的第二个原因，是我认为教育最要紧的是唤起人内在的渴望，而不在于填塞什么内容。如果一个孩子内在的渴望被唤起，他真正想为此而努力，那他就不容易变坏了。这内在的渴望，就是我们幼年时常常说的"我的志愿"，这个志愿如果不是口号，而是了解自我本质后确立的目标，那么渴望就产生了。很多充满创造力的人物，他们所受的教育并没有提供让他们成为艺术家的环境，但由于他们的成就动机（也就是内在的渴望），他们走上了自我教育的路径，就比较容易成功。

反之，如果一个孩子内在的渴望没有被唤醒，那么他可能形成两个极端：一是庸庸碌碌终其一生，二是充满反社会的倾向。这就像我们不管土质，把马铃薯、番薯、稻子、西瓜、松树等全部种在一片地里，有的就不会结果，有的反而会破坏水土。其实，教育的原理从大自然中就可以看到。

我说"好的小孩教不坏，坏的小孩教不好"的第三个原因，是身教重于言教，我们要孩子有好的本质，自己必须先有好的本质，这样孩子就不至于因环境的原因而走上岔路。这个道理很简单，就像小孔雀一定要养在孔雀群中，它才会知道如何开屏，做一只美丽的孔雀。"孟母三迁"的道理也在于此。

这种身教重于言教的说法，用现代一点的语言讲就是"典型的确立"，我们的孩子如果从小就有好的典型或偶像，那么纵使教育没有提供足够的资源，他依然有成就动机，成功的可能性就大得多。我自己成长的环境就没有为我提供成为作家的资源，但由于我小时候的偶像都是作家，我也就自然地走上作家之路。

我们大致上都同意，关于教育，人格比学问重要，智慧比知识重要，一个孩子若有健全的人格，而且有生活的智慧，不仅他自己会过得平安、快乐，他也会成为社会的正面因素。如果我们教育出许多有学问、有知识的人，但他们的人格不健全、生活贫乏，那么，将是整个教育界乃至整个社会的悲哀。

"好的小孩教不坏，坏的小孩教不好"的结论是，如果钻石被打磨出来了，那么不管怎么包装，它都是耀眼的。

远离自然的孩子们正在生病

文 | 江意

"蝴蝶似乎十分喜欢其他动物的鼻子,它们时常会在上面流连或者晒一会儿太阳,甚至会吮吸上面的汗珠……"这是著名蝴蝶专家罗伯特·迈克尔·派尔教授在给俄亥俄州加汉拿小学三年级的孩子们上户外课,他有趣的讲解加之身处幽静的森林,不时引起孩子们的阵阵惊叹和"咯咯咯"的笑声。

然而即使派尔教授开设的这类体验自然的课程非常受孩子们的喜欢,他仍然对达到这个项目的预期目标没有太大的信心,他认为在现代社会,人们还远远没有认识到自然缺失症给孩子们造成的严重影响。

患自然缺失症的孩子

自然缺失症是美国作家理查德·洛夫 2008 年在他的著作《林间最后的孩子》中提出的一种现象。他提出,正是由于在成长期缺乏与自然接触,造成了现代儿童的一系列问题:肥胖率增加、注意力不集中和抑郁。而且他认为,接触自然对成年人的身心健康也至关重要。

"我朋友的孩子曾经被问及最喜欢玩耍的地方是哪里,他说:'我喜欢在家里玩,因为家里有插座。'我认为没有比这个更应该引起父母的警觉了。"洛夫在一次接受采访时称。

据统计,随着电视机、电脑、游戏机和手机的迅速普及,儿童有越来越多的理由留在室内——美国儿童平均每周(除睡眠外)在室内度过的时间为44个小时。长期极少的运动量势必会导致新陈代谢紊乱,而更深的影响是来自儿童心智发展的过程。

人成熟的心智是在感官和知觉探索外部世界的过程中,在思维上形成整合、认知、判断、推理而建立起来的。如果孩子们没有真实的认知,没有与自然的接触,没有在自然中学习、探索、体验的经历,他们的感觉和知觉都会受到影响,容易变得孤独、焦躁、易怒,在道德、审美、情感、智力成长中有所缺失。

理查德·洛夫说:"就像需要睡眠和食物一样,孩子需要和自然的接触。"

自然滋养孩子的灵性

造成自然缺失现象的原因有很多,宣称厌恶孩子们投入过多时间打游戏的父母,在其中给予了最大的阻力。

牛津大学的植物学家理查德·库尔在一个秋日的午后,兴致勃勃地打算带着他的两个侄子来了一次野外远足,他们计划要到一条名叫洛基岔的小溪钓小龙虾,接着其他家庭成员的许多问题扑面而来:水够干净吗?我们最好让环境质量部门来检测一下。在涉水玩耍时,会遇到什么样的坏人呢？

对于已经遗忘了小时候在林间嬉戏玩乐的成年人来说，接触真实的自然界意味着大量细菌、肮脏的衣服和身体，还有对未知危险的恐惧。

而对于孩子来说，自然是蕴含无数新奇和惊喜的宝藏，一片初生的嫩叶，一条崎岖不平的田间小路，荒地边上的一块神秘湿地，都在给孩子展示一个更为广阔的世界。它能丰富孩子的精神世界，医治生活在不幸家庭里的孩子的创伤；赋予他们敏锐的感受能力，教他们观察环境中他人无法察觉的细微之处；自然也需要充分地观察和全身心地感知，从而激发孩子的创造力。像《寂静的春天》的作者蕾切尔·卡森说过的那样——"那些感受大地之美的人，能从中获得生命的力量，直至一生。"

除此以外，接触自然还能为我们的身体健康带来切实的好处，理查德·库尔的两个侄子在这场探险后，身上真的出现了疑似皮疹的红点，理查德认为这恰恰证明了接触自然的重要性。他说："人体的免疫系统是在接触、抵抗、认知的不断斗争中建立起来的，不断地刺激身体会迫使它建立更强大的防御体系。人对自然的需求，深深刻在基因中，毕竟，人类与森林、山洞相伴了几百万年岁月，而和楼宇、钢铁在一起，才不过千年而已。"

各类环境保护组织和动物保护组织也在极力阻止孩子们亲近自然，因为这不可避免地要损害一些植物和动物，其中，钓鱼和捕猎的行为最受诟病。洛夫提倡捕猎——尽管很明显，他不是专业人士，他的论据都是直接取自早期的环境保护者阿尔多·利奥波德的论著。追踪猎物直至捕获，需要某种对环境细节的注意力，随着时间的推移，这种注意力可能会产生一种对世界的尊敬，同样，钓鱼始终是孩子们积极活动的首选。洛夫说："虽然善待动物组织的成员会激烈反对这一行为，但现如今的许多年轻捕猎者和钓鱼者都会成为下一代的环境保护者。"

正如当初亚当在伊甸园中寻找一种值得他爱的生物一样，人类在地球上生存的行为必须有一种爱和关怀的精神，以好奇和尊敬的态度面对自然，而非以一个自命不凡的审问者的态度去对待自然。"孩子们怎样面对自然，以及将来他们自己怎样教育自己的后代面对自然，将会决定我们未来的城市、家庭，决定我们日常生活的形式和状态。"

需要社会的重视

洛夫的这本《林间最后的孩子》出版后，引起人们极大的关注，被评为美国环境教育界影响力最大的一本书，受此影响，美国政府于2009年推出了"别囚禁孩子"法案，敦促各州设立环境教育标准，鼓励儿童到户外进行发现式、实践式学习。

中国的教育学家也日益认识到自然缺失症的影响，教育和文化学者杨东平提出："恢复儿童与自然之间的内在联系，更根本性的思路是改变将城市与自然对立、城市与自然隔绝、所谓'自然在远方'的空间规划。"例如，通过计划用地、建筑设计以及公共教育，将城区中的一些空间转化成野生生物栖息地、基因多样化的自然走廊。

而父母们能做的更多，他们是孩子最好的老师，一本自然图鉴、一次饭后全家的远足，或许就打开了迈向自然的大门。芬兰的赫尔辛基市家庭花园菜园十分繁盛，孩子们可以尝试种植照顾任何种类的植物，可以是瘪掉的大蒜、出芽的一小块土豆、切下的萝卜头，也可以是常见的花草、路边采集的种子，等等。这将是孩子接触自然的好机会，也提供了家人一起动手玩泥巴的好时光。

谁杀死了我们的幽默细胞

文 | 周云龙

同事的儿子在本地一所著名小学读五年级,一次美术老师布置了一道作业:请大家以老师为原型,画一幅人像,画得好的有机会在学校橱窗里展出。

那小子迅即展开丰富的想象,选择不同的角度,画出了心中的老师。

作业交上去后,我的同事被老师喊去学校,说他儿子的画作严重贬损了老师的形象——那小子在老师夸张的头像上,添加了一只鸭梨,还画了一个大大的猪鼻子。

同事见此,不由一乐,但表面上还得严肃地责问儿子:"为什么要这样画?"孩子如实道来:"想把老师画得轻松俏皮些,那只鸭梨,想说明他'压力山大';老师姓朱,就联想到'八戒'了。"

瞧,孩子多幽默,多有想法。如果我是那位老师,会以自嘲、欣赏的心态,组织同学们一起来评析这幅不同寻常的画作,会由衷地鼓励这个标新立异的孩子:"谢谢你,用你的画笔画出了心中的老师。在聪明、顽皮的你们面前，我确实常常有些压力，总是担心挫伤了你们油然而生的兴致，压制了你们大胆的想象。"

可是，那位年轻的美术老师却视故事为"事故"，又是训孩子，又是请家长，直到孩子重新绘出一幅中规中矩的画作才作罢，这多么令人遗憾。

同学的儿子在一所知名国际小学读三年级。一堂英语复习课上，孩子们做了一道又一道试题，有些疲沓了，这小子便和邻座女生开始互传纸条。细心的老师当场抓了现行，同时拍了照片，立即发微信给家长，要求配合进行纪律教育。

那纸条是俩孩子用铅笔写的一组对话："你是什么地方人？""地球人。""说真的。""江苏人。""暑假能来我家玩吗？""在哪里？""奥yu花园。"同学说，儿子过去一直都约男同学来家里玩，邀请女同学还是第一次。

这也本是一次难得的情感教育、对话训练的机会。如果我是那位老师，会以孩子的幽默，赞赏小男孩的情商，夸奖他的勇气和大方；而且还会借题发挥，请孩子们把在纸上写的那段话，用英语表演出来。

这样的引导，就不能达到管理课堂纪律的目的吗？动不动强拉着家长配合纪律教育，孩子就能安分守己吗？说好的"严肃活泼"呢？我们的课堂上，为什么常常只剩下老师一个人的声音？

我们能不那么严肃刻板吗？还能有一点轻松幽默吗？遗憾的是，国内众多以说话为职业的人，鲜有幽默的。

中国工程院院士、中日友好医院院长王辰说："医生照顾病人有三件法宝：药物、器械和语言。语言代表医生对病人的人文关怀，在治疗中与药物的疗效一样重要，1000年前如此，1000年后还会是这样。一名医生只有拥有等于和大于病人的人文素养时，在医患沟通中才能争取到主动。"

照我理解，具有人文素养的语言，必定是友善的，甚至是幽默的。"良言一句三冬暖"，轻松、有趣的语言不只对病人管用，对求知的孩子、求职的毕业生、求教的职员、求助的老人，同样有着意想不到的功效。

面对调皮捣蛋的孩子，如果年轻的教师们意识到那才是真实、鲜活、多彩的生命状态时，相信他们的内心会涌动亲情一样的感觉，其表达也会友善、幽默起来。有语言的良性互动，才有思想的同频振动，当然，这个前提如王辰院士所言，老师的人文素养要等于和大于孩子。

奔向纽约的起跑线

文 | 乔剑

一

为了给刚到纽约的女儿选择一所理想的中学，我跑了一趟纽约市教育局举办的全市高中教育展。

到拉法耶特站下了车，放眼一望，去参加教育展的家庭已经站满了整整一站台。父亲带孩子来的不多，孩子大都由母亲领着。这满眼的母子组合还透露出一个信息，在孩子的教育问题上，美国妈妈也不容易，和中国妈妈的烦恼实际上是一样的。

蓝眼睛妈妈们的一脸茫然告诉我，这站台上六神无主的妈妈不止我一个。正犹豫着，却见眼前这些本是路人的妈妈们已经稀里糊涂地组了团，四下一看，我竟也被围在了中间。团长没有经过选举程序就产生了，是一个手机软件可以定位的妈妈，她指着前方说："这边走，GPS提示是这个方向。"出了地铁口，一上来，面对四通八达的交叉口，"团长"的手机不起作用了，只好站住张望。片刻后，有人看见另一支大军，也是成群的母子队伍，估摸着都是奔教育展而来的，对方的"团长"发话："看到了吗，有更多的孩子已经走在我们的前头了！"所有的人都笑了。新"团长"就这样自然地诞生了！看来大家的目标非常一致，剩下的就是一个字：走！

在这个初秋的清晨，阳光温暖地照在肩膀上，碰见这样一群真实、欢愉的纽约妈妈，让我对纽约的印象又深了一层。

二

听有经验的同事介绍，美国父母重视教育的程度是绝不会输给中国家长的。开始我还半信半疑，可一到纽约的教育展，才知此言不虚。

一踏进展厅，只见各学校的展台前长龙不见首尾，被父母组成的数个BLOCK团团围住。见这阵势，我也顾不得精挑细选，找了个队尾就算"入伍"了。

排在我前面的南希是一双孪生姐弟的母亲，儿子今天不舒服，所以没来；带在身边的是她的女儿萨琳娜，12岁。南希说，纽约就是这样，孩子从上幼儿园的那天起就要准备做将来进入好小学的打算。我告诉她，我们中国妈妈管这个叫"不能输在起跑线上"。南希用夸张的深呼吸和睁大的双眼配合着，评价了这句精辟的口号："中国妈妈太天才了，说出了全世界妈妈的心声。"南希接着感叹："美国妈妈不容易啊！为了孩子的学业，很多人，特别是全职上班族，不仅要花业余时间收集资料，还要在上班的时间研究，可不是一件简单的事。"我心想，这算什么，若是见识一下中国的父母，成天拖着孩子东奔西跑地上补习班，你们搞的这点纸上谈兵的研究工作简直就是小巫见大巫呀！闲聊中我不经意问起南希两个孩子心仪的学校是哪几所。她家萨琳娜的志愿表基本上和我家安妮的志愿表一样：罗斯福高中、千禧年高中、灯塔高中……

我倒吸一口气，这真是名副其实的起跑线上的交谈了，好朋友瞬时成了对手！作为回应，南希也问了我家安妮的情况。当听说安妮现在在LAB上学时，南希显露出非常羡慕的表情，由衷地赞叹："LAB是一所很好的学校！"在南希的脸上不但没能找到一丝竞争对手的痕迹，她反倒像队友似的又和我说了几句掏心窝子的话："申请高中不要指望学校的教育顾问，他们不会真正把你的孩子放在心上。校方往往很势利，要看你孩子的情况，看家长的背景，看社会关系……"听了这些语重心长的点拨，我马上想到，下周二安排让安妮约见教育顾问的事情，看来不仅要做好充分的问题单，也要想好如何公关，用南希的话说，这可是"政治"呀。敢情在美国，小孩子上名校的事儿，在家长心目中的地位比起中国有过之而无不及。

说话间，展台的门开了。家长们有序地进入，那人多势众的阵势，我原本只在中国的教育展上领教过：精美的宣传册、厚厚的指导丛书、马不停蹄的家长和学生。人们好像猎鹰一般，目标明确，直奔主题。刚刚聊得热火朝天的南希也顾不上理我了，一反美国人彬彬有礼的常态，拽着萨琳娜一下子就冲进了茫茫人海中。

三

来纽约之前，安妮本以为会远离国内火药味浓烈的竞争环境，能躲进美国素质教育的摇篮喘口气了。岂料一落地，便被卷进了美国中考的大风大浪中，和美国的"小老虎"撞到了一起。真可谓："考试趁年华，他乡亦故乡！"

为了参加这次教育展，我除了之前在网上做了很多理论研究外，还走东家问西家地搞了实地调查，可一到现场才知道自己井底之蛙的处境。我也因此见识了美国人在表达自己愿望的问题上，是绝不会有丝毫含蓄可言的。

和我的精心挑选不同，当地的家长都拉起了争抢"头道菜"的架势。他们会毫不犹豫地从各所学校索取报名表，找个座儿便立马奋笔疾书，淋漓尽致地表达着自己的娃儿要上"星光大道"的强烈愿望。看到这些，我暗想，若是再矜持就显得太落伍了，入乡随俗吧！于是学着人家的样儿，不管三七二十一，把家里孩子的那点过人之处，加油添醋地都堆到了报名表上。

填表的混战总算过去，在罗斯福高中展台前，看见一位女老师闲着，就过去搭话。这是个金发碧眼的年轻女孩儿，热情、实在，说话有板有眼。除了表示热情欢迎安妮报考他们学校外，还叮嘱我一定要把孩子的材料，比如个人简历、学分、特长介绍、老师的介绍信整理好，以书面的形式寄给学校，这样才会引起学校招生老师的高度重视，否则，会把孩子的申请淹没在人海中。当听完我对安妮的溢美之词后，她兴奋得就像自己有了什么喜事；而当听说安妮还没有做过全套中考模拟试题时，她拉着我的手吃惊地说："怎么可以这样？赶紧抓紧吧，成绩可是决定一切的！"

晚上回到家，我搬出了书柜里砖头一样厚的美国中考习题集，严肃地对安妮吹响了"战斗的号角"："20天之内全部做完！"

安妮狐疑地问："不是说美国时兴素质教育吗？真是天下乌鸦一般黑！"我可没心情理会这样的抱怨，心想，在美国这地方，"虎妈"虽然不多，但"不输在起跑线上主义者"比比皆是。

每家的摇篮里养的也都是跃跃欲试的小老虎呢！这样的现实，也不知安妮何时才能看清楚。

宝贝，
让我们"输在起跑线上"吧

文 | 许骥

亲爱的LH：

如果不是你出生，爸爸可能不会对有关孩子的事情那么关心，也就不会知道香港的父母已经疯狂到了什么程度——为了让他们的孩子上"好"的幼儿园，他们拿着医院的确认怀孕单，就去幼儿园给孩子排队报名了。我的天，那个时候宝宝还是个胚胎呀！所以，爸爸决定写信告诉你，人生不是一场非要去哪儿的旅行。

对了，你还不知道什么是"旅行"。旅行就是，嗯……我们去倾听别人的故事，好像英国作家阿兰·德波顿写的一本书，名叫《机场里的小旅行》。所有的故事，都可以使我们的生命变得丰富，因此我们要多听别人讲话。有的时候，为了遇到更多的人，我们需要上路，那就是远距离的旅行。

多数父母认为，人生的这场旅行必须有个明确的目的地，所以他们迫不及待地希望孩子尽早地进入大人的世界，"步入正轨"。用他们的话说，这叫"不要输在起跑线上"。他们如此争先恐后，可能是并不知道孩子的世界比大人的世界要有趣得多，而且一旦完成从孩子成为大人的转变，生命是不可逆的。

有人说，人生是一场马拉松，所以输在起跑线上没有关系，前面保存实力，后面追上来就可以了。但爸爸觉得，人生其实连马拉松也不是。人生根本不是竞赛，没有必要和别人比较。其实每个人的生命之初，都是缤纷多彩的。为什么缤纷多彩呢？因为当我们用生命之本能去感知世界的时候，一切都是直观的，是一种来自原始的感觉，而不是被抽象出来的理性世界。

对于家长来说，世界是抽象的，所谓"不要输在起跑线上"，就是要逼孩子用最快的速度，摆脱人类自然的状态，而进入人工建构起来的抽象世界。当你还在妈妈的肚子里的时候，"水"就是你的世界。你身在水中，自然到你感觉不到自己在水里。直到你出生，和爸爸妈妈一样，来到这个装满空气的容器里，才能分清"这是空气"而"那是水"。（有个叫麦克卢汉的老爷爷曾说过："我不知道是谁发现了水，但我觉得绝对不是鱼。"）

宝贝，你的世界应该是这样的吧？当爸爸妈妈第一次带你去游泳的时候，你在接触到水的那一刻，你那双惊喜的大眼睛仿佛在告诉我们，所有关于水的记忆，都瞬间想起来了！虽然刚开始你攥着小拳头，好像非常紧张于这已经阔别数个月的环境。但是很快，你就很享受地在水里徜徉。水的触觉、水的嗅觉、水的味觉、水的听觉……对你来说，水就是水。

可是对爸爸这个家长来说，水已经不再是水。爸爸在心底问自己，想到水的第一反应是什么？是矿泉水多少钱一瓶，是这个月的水费交了没有，这样的水喝起来安不安全，是水的英文叫"water"……唉，真是惭愧啊。爸爸已经丧失了像你一样纯粹专注于享受水给我们带来快乐的感觉了。而爸爸更加不明白，为什么好多家长要心急火燎地剥夺孩子天然的快乐。

宝贝，你说家长是不是很傻？因为喜欢斤斤计较的家长，都把算盘打错了。一个人的核心竞争力，不是那些人人都会的东西，而是独一无二的东西。有句话叫"物以稀为贵"，意思是越稀少的东西越值钱。一本名叫《圣经》的书上也早就说过："你们要进窄门。因为引到灭亡，那门是宽的，路是大的，进去的人也多；引到永生，那门是窄的，路是小的，找着的人也少。"

可是，为什么家长们都把孩子往"宽门"里推呢？因为家长们害怕，他们不相信自己的孩子拥有异于常人的才华。他们心想，万一我的孩子只是"庸才"，但我却以"天才"的方式教育孩子，万一孩子将来"不合群"该怎么办呢？又或者，一些家长以为，像"天才"一样地培养孩子，就是要花很多很多钱，送孩子去接受最贵的教育……但是，家长们都忘记了一点，其实每个孩子都是天才，最好的教育其实就是不要把那些与生俱来的天分抹杀掉。

爸爸觉得自己并不足够了解你，但每天都在更加了解你。比如今天，爸爸就发现用胡茬蹭你的右脸，你会"咯咯"地笑起来；但蹭你的左脸，却没反应。或许你也不够了解你自己，但那也没什么可担心的。我们也许要花很多很多时间，来认识我们自己究竟是个怎样的人。在爸爸看来，现代人的很大问题，就在于大家都不知道自己是怎样的人，而用无数的别人套用在自己的身上。

怕"输在起跑线上"，其实是家长害怕承担责任，所以把人生的失败转嫁到成年以后的孩子身上。像是说："我能做的都做了，其他概不负责。"为了填补家长那一点卑微的不安全感，大人们拼了命把孩子推到"庸才堆"里，抹杀孩子的天才。回过头来，他们却自怨自艾地说："我都是为了你好啊！"

  家长们喜欢用"都是为你好"来解释自己的懒惰。真正的"为孩子好"，是陪伴孩子长大，和孩子一起看日出、星辰、潮汐，和孩子一起在冬天冷得瑟瑟发抖、在夏天热得大汗淋漓。那些以为可以用钱换得自己孩子幸福的父母，其实是选择了对他们自己来说最轻松的路径。虽然他们会说，自己在外面工作赚钱很辛苦。但是，和用心走进孩子的世界相比，赚钱显然容易得多。更何况，许多家长很享受在外面追求自由的感觉，和家人在一起反而是一种束缚。

  亲爱的宝贝，爸爸对自己的期许，就是不要成为以上所说的那种大人。前不久爸爸看了一篇文章，说要"拼了命陪伴孩子"，爸爸觉得这有点太"过"了。妈妈常说："生活不要那么用力。"爸爸想安安静静地陪在你身边，看着你长大，和你一起成长，变成更好的人。倘若有一天，爸爸要出去上班了，也请一切自然地发生吧。我们唯一要做的，就是顺应变化，在变化中寻找生活的平衡。

  所以，宝贝，不要去理会什么"起跑线"，因为人生根本没有"跑道"，更没有"终点"。真正热爱生活的人，从来不觉得生活应该是某个样子的。假如真的有一场"人生竞技"的话，那就让我们"输在起跑线"吧！因为人生是一场随时准备迎接出人意料的旅行，我们要收获的，远比想象的多！

  祝你成为一个自由的人！

爱你的爸爸

我家的养蚁生涯

文 | 陈思呈

6月的某一天,儿子在临睡前突然说,他真希望能在家里养一些蚂蚁。

他非常喜欢看蚂蚁,据老师反映,他经常在课间长久地蹲下看蚂蚁。我没有想到,他爱到想把家里也发展成一个观察基地。他说在学校看蚂蚁不如在家里方便。这是事实,蚂蚁们在家里,会被保护起来,可以让他从容地观察,不会像他的同学那样,心血来潮就把蚂蚁捏死或者踩死。

我很愿意满足他这个心愿,但不知道技术上怎么实施。蚂蚁可以在家养吗?有没有相关的巢穴?带着可有可无的心理上网求教,结果发现,蚂蚁不但可以在家养,而且在家里养蚂蚁的人相当多,形成了各地庞大的"蚁友"群。

我向资深的"蚁友"请教操作相关设备的技巧,得到了很多帮助。我们在网上购买了几个蚁巢、几种蚂蚁,便开始了我家的养蚁生涯。

过了一个月,儿子又告诉我,在家里观察蚂蚁,还是不如在大自然里观察那么有趣。

为什么呢?因为家里的环境太简单了,蚂蚁们衣来伸手、饭来张口，就失去了在大自然中的那种应对能力，而看蚂蚁的有趣之处就在于看那种应对能力。

我说："好吧，在大自然观察，那么你直接到楼下蹲在地上看不就行了吗？"

他说："不是的，我有一个梦想，我们在这里给蚂蚁模拟一个自然的环境。"

在家里模拟大自然，该怎么进行？

儿子自己在网上找到一些更接近大自然的"蚁巢"。他看到有人把蚂蚁养在一个盆子中间一块凸出来的"陆地"上，周围都是水，那样蚂蚁就一直在那个"岛"上生存。这个是"水牢"的最初概念。

这个概念给了他启发。但只有一个"岛"还是不够，因为只有一种蚂蚁，没有体现出自然界蚂蚁的纷争，不会出现野外几种蚂蚁互相抢食物、抢地盘的情况。所以他决定买一个很大的缸，在中间设几个小"岛"，并在"岛"上养不同的植物以及不同种类的蚂蚁和其他昆虫，从而模拟出一个生态系统。

我们在花鸟市场解决了这个缸的问题。接下来就是建设生态缸了。

整个客厅都渐渐地生成一个生态系统，我从一个完全不懂得生态的人，心里竟慢慢有一些期盼，有一些喜悦，甚至有一些敬畏。我感觉到这是一个大工程。

想起来我们小时候也有各种各样的梦想。那时候我的梦想多数是有关武林的，比如去乡下某处某棵歪脖子树下埋个什么东西之类的。

一个朋友的梦想，可以说跟我儿子的梦想非常接近了。他说："我小时候在瓷盆里养过从渭水的支流葫芦河里捉来的多种淡水鱼，自制过假山，对自己爱过的精灵有过魂牵梦萦的想象，但我还不曾拥有过一个生态缸。"

儿子看了这个朋友的留言,说他没有想过真的可以实现生态缸。最初,他只是喜欢在学校看蚂蚁;后来,只是想在家里养一些蚂蚁;再后来,养得越来越多;再再后来,就出现了生态缸。

而我的感受是,帮他实现梦想是义不容辞的,因为这可以给他一个心理暗示:梦想是有可能实现的。人能做梦和敢于做梦都很难得,这个过程既不伤害任何人,又不需要任何成本。更难得的是,通过养蚁告诉他一个可能性:只要行动,梦想就近了。

对于我而言,帮儿子实现梦想,也开拓了我生活的维度。

我以它为一个开头,开始阅读与动物有关的很多经典著作。比如法国布封的《动物素描》,比利时莫里斯·梅特林克的《蜜蜂的生活》,当然,还有英国夏洛特·斯莱的《蚂蚁》。

然而阅读了什么并不是最重要的,更重要的是生活中的变化。我借着建设生态缸的机会,经常到山上收集一些树枝、石头还有昆虫来补充生态链,如此一来,就常常要被迫爬山。

也许因为我们的祖先毕竟是在大自然中生活的,在我们的血液里流淌着这样的渴望,去亲近那些树、泥土、叶子,所以,即使我懒惰了40年,也能在人到中年时,借着帮助孩子圆梦的机会,重新年轻一把。

不负韶华

老师或父母老是对我们说要努力，努力就会走上巅峰——才怪！如果这样，不是所有的人都走上巅峰了吗？人生不是走上坡路，你持续走就可以走到巅峰；人生像是走台阶，每一阶有每一阶的难点，学物理有物理的难点，学漫画有漫画的难点，你没有克服难点，再怎么努力都只是在原地跳。

——蔡志忠《会思考比努力更重要》

如果一个人长到17岁，不能受好奇心的驱使而去了解非洲的位置，必须通过课堂学习才能掌握这个知识点的话，那就意味着这个人早已对世界失去了兴趣，对学习新知是懈怠与抗拒的，这样的学生本就不该被我们学校（指牛津大学）录取，哪所大学都不应该录取这样的学生。

——苏河《一个科学家的养成》

什么时候开始都不晚

文 | 张抗抗

儿子出生在北大荒,单名一个"放"字。在放放1岁的时候,我和他的父亲便离异了。我们把他的户口迁回杭州以后,他就一直同爷爷奶奶生活在一起。我每年只能在回杭州探亲的日子里,带些衣服和玩具、食品,去看望他,和他玩耍。每一次见到他,总觉得他开口叫"妈妈"时,实在叫得很勉强,例行公事似的,淡漠得可有可无。

心结难解

儿子从小就不爱笑,也不爱说话,更不爱与人交往。他的童年过得不快乐,一副心事重重、郁郁寡欢的样子。他一天到晚无所事事,学习成绩总是中等偏下,老人磨破嘴皮也无法培养起他的学习兴趣与好奇心。

到了高中时期,儿子像许多年轻人一样,迷上了流行歌曲。突然有那么一天,我们得知他竟然会唱好多好听的歌,有几首模仿得与磁带上的歌星唱的不相上下。这一发现使我欣喜若狂,我想,一个人只要找到自己喜欢做的事情,就会产生学习的动力。

于是，虽然我不太欣赏流行歌曲，但是也对他大加鼓励，又是买录音磁带，又是找老师。为了帮他买到他酷爱的台湾歌星高凌风的磁带，我拜托香港的朋友跑了香港街头的很多家唱片店。我说："你若是喜欢唱歌，你就好好唱，真正的歌手从不模仿别人。你应该从学习简谱开始，再学五线谱，然后自己作词、作曲，只唱自己的歌。"

听到这里，儿子的眼神茫然无措，继而便暗淡无光了。为了学习简谱，我和他之间发生过多次争执，他学得漫不经心、一无长进，气得我曾狠狠地把歌本摔在地上，而他轻飘飘地说了一句很富哲理的话："我唱歌原本是为了高兴，你却让我学得这么苦，那我唱歌还有什么意思呢？"噎得我哑口无言。

自然，我所想象的从乐理入门的计划很快彻底告吹。他依然我同行我素，不厌其烦地听着录音磁带，然后跟着卡拉OK轻松地唱出："我不是一个坏小孩……"

从儿子十七八岁到二十一二岁的这段时间，我们母子相处得十分艰难。终于有一天，在我失去了耐心、激烈批评他不够努力之后，他吐露了一直让他耿耿于怀的那件事："如果……如果父母不是在我那么小的时候就分手，我现在不会是这样……"

这句话深深地刺伤了我，让我觉得委屈和失望。为了全力关心他、爱护他，我们已经做了我们所能做的一切，他的继父甚至在没有亲生子女的情况下，做出了最大的牺牲——放弃了要一个孩子的愿望。我们还能再为他做些什么呢？

但他毕竟坦率地说出了自己的想法。开启这扇锈锁多年的沉重心门，他是鼓足了多大的勇气啊！

作为母亲，我没有权利责怪他。20年未曾打开的心结，也许需要一生的时间去化解。

单飞历程

我想儿子是需要换一下环境了。我得把他"放"出去,让他单飞,让外面开放的世界里流动的风驱散他心上的阴云,鼓起他的心帆。

恰好不久后就有了一次去日本学习语言的机会,两年后若是通过日语考试,可以上日本的大学。儿子得知这个消息后,十分兴奋,毫不犹豫地决定要去。他开始学习日语,然后勇敢地登上飞机东渡扶桑,开始了他的求学生涯,这是他人生的一次重大转折。那年,他22岁。

两年中,来自日本的平安家书报告着念书、打工千篇一律的日子,只是字里行间多了一些我并不太关心的对中日关系之类的评论,我作为母亲极想知道的诸如饮食、身体、功课,包括地震,他却只字不提。

听人说他捡到了一台废弃的音响,无论多忙,每晚依然很潇洒、很专注地欣赏那些流行歌曲。两年中,他竟然安之若素地始终服务于一家快餐公司,打工挣到的钱除了缴学费、养活自己,还略有节余。偶尔得知那位日本老板待他似乎不错,常在工作结束后请他喝上一杯啤酒。后来,儿子讲到这一点便眉飞色舞,他说他感到自己已经是成年人,就是在到了日本以后。

两年以后,儿子突然表示不想再考大学,而要回国工作。他似乎认为自己的日语水平相当不错,无须再继续读书了。对此,我当然无法苟同,我在心里牵念着儿子在异国的寂寞,确信他归国是由于孤独而不是工作。东瀛那个地方多工作狂人,儿子再待上几年若染上孤独症、自闭症什么的,我们可就悔之晚矣。开放的国界当然是来去自由,何况家呢。

重新起航

回国后的儿子，从外表上看仍是瘦弱纤细的，但以前总是闷闷低着的头，如今却高高地昂了起来；以前精神常萎靡不振，如今腰板挺得笔直，脸上开始有了一种自信的光泽，眼睛里多了些闪烁的问号。我隐隐地觉得，他的内心已发生了我看不见的变化，他莫非真的就这样突然成熟了？

两个月以后，他在没有征求家人意见的情况下，自作主张去了一家新开张的娱乐城应聘。他居然被录取了，然后很快升为领班。我知道这个消息时目瞪口呆，我想对他说："你去哪儿不好，干吗去娱乐城接待日本客人？我把你送到日本去，可不是为了让你回来当领班的。"但我什么也没有说。我得尊重他自己的选择，面对一个长大了的儿子，我只能放任自流。

又过了几个月，他告诉我，他将要到杭州的一家日资企业去当翻译了。那家公司的老板就是他曾经多次在娱乐城接待过的客人。那位老板发现他的日语讲得不错，人又诚实可靠，就以比他原先高一倍的工资把他"挖"了过去。他很快就由翻译兼任副经理，还买了一大堆企业管理方面的书，开始自学并实践企业管理工作。

我不得不开始相信，儿子已同去日本之前判若两人。当我们过多地担忧并停留在孩子的弱点上时，他已悄悄地迈过沟坎，然后昂首起步。那么，他的人生价值标准和个性，究竟更多来自家庭教育还是来自社会大环境呢？

在这家日资公司的一年多里，儿子继续以惊人的速度变化和发展着。他用来唱流行歌曲的嗓音，从每周的电话里传过来，变得从容沉稳、有条有理，显然是一个成年的男子，把我当作他的同事，讨论着公司的事情。

然而，有意思的是，当我们开始为他感到欣慰的时候，他却开始对自己不满意了。而这种对自己的不满，可以成为人生道路上又一股巨大的动力。

应该说，他在那家公司干得不错，老板和工人们都同他相处得十分融洽。但是，他终于发现，自己如果不接受系统的专业教育，现有的日语能力便无法适应日后更重要的工作。他需要学习现代管理知识，需要提高日语写作水平，需要到更广阔的天地去训练自己。他忽然觉得自己像是站在苍茫浩瀚的大海边，只是刚刚有了一个目标，其实根本没有启程。

他做出了一个令我们全家都十分吃惊的决定：放弃目前报酬还算丰厚的工作，报考日本的经济专门学校，再次去日本艰苦求学。

惊奇之后更多的是欣喜——儿子终于从内心产生了学习上进的愿望。一个人只要大步上路，什么时候开始都不晚。

短短的3个月中，他独自办理所有的手续，一路绿灯，顺利成行。

他离开公司前，工人们自发请他喝酒为他送行，说了许多以前被他管理的时候不曾说过的真心话，他说他那一晚比第二天老板请他喝酒时更开心。

春寒料峭的4月，我专程回杭州为他送行。一个晴朗的夜晚，我和他骑车到白堤去散步。在波光粼粼的湖边，他沉默了好一会儿，突然说："妈妈，我以前说过的那些话，你把它们都忘了吧。我想，那时我只是个孩子……"

我不知道他指的是什么。不，也许我应该知道。

"其实……其实，我早就明白了，你是在离婚以后才真正成为我的妈妈的。我会像你一样，靠自己去奋斗。也谢谢你后来又给了我一个好爸爸。"

那天晚上，弯弯的月牙朦朦胧胧，我却从未见过那么美丽的月色。

当我写完最后一句话的时候，儿子乘坐的飞机也许正降落在东京机场。这是他的又一次"放飞"。

追寻梦想、标榜自我的背后

文 | 永 城

在墨西哥的一座小镇上，住着一个热爱音乐的小男孩米盖尔。然而，米盖尔的家人却视音乐为瘟疫，逼着米盖尔继承祖业做一名鞋匠。

米盖尔暗暗崇拜着音乐巨星"歌神"，偷偷地做了一把简陋的吉他，藏在自己的小屋里。镇子举办音乐比赛，米盖尔拿着吉他去参赛，却被痛恨音乐的祖母发现，把吉他摔了个粉碎。米盖尔在亡灵节的深夜愤然离家，准备去墓地里偷一把吉他……

剧情发展至此，要是按照国内盛行的套路，你一定会猜：小男孩米盖尔不顾家人的反对，坚持追寻自己的梦想，历尽千难万险，终于成为音乐家，并且遇到一位美丽的姑娘。这毕竟是一部给孩子看的电影，不必过于现实。

看看写给青年人的畅销书，不是都说"不要让任何人偷走你的梦""不要把全世界都放在你自己肩上"吗？要"把生活过成你想要的样子"，不然怎么能"做最好的自己"？

然而，这部迪斯尼动画片《寻梦环游记》里的故事是如何发展的呢？

小男孩米盖尔在墓地偷吉他，误打误撞地来到了亡灵的世界

（阴间），在那里遇到了亡故的家人，也遇到了去世的偶像"歌神"。米盖尔还在阴间参加了一场盛大的歌唱比赛，并且得到了"歌神"的关注和喜爱……

然而，在故事结尾，回到人间的米盖尔并没有成为歌星。他只是解开了谜团，消除了误解，挽救了亲人之间的爱。当然，也顺便化解了家人对音乐的仇恨。历险带给米盖尔的并非梦想，而是顿悟：亲人永远不该被抛弃和遗忘。

当然，米盖尔也发现，他一直崇拜的"歌神"其实是一个恶棍。恶在何处？他为了追求梦想不择手段。他还发现，家人的劝诫不无道理：梦想也许是自私和虚幻的，亲人的爱才是最珍贵的。

看完这部电影，我想起曾经看过的一部国产青春励志片。在那部电影里也有一个"恶棍"，他不是"歌神"，而是某高中的一名班主任。男主角不畏班主任的"淫威"，带领同学们和班主任作对，潇洒得仿佛是正义战胜了邪恶。

然而，"邪恶"的班主任只不过是在兢兢业业地逼学生们读书，为此废寝忘食。电影里的班主任和家长都被丑化成专门扼杀青春的恶魔。"英雄"男主角最终放弃高考，跟着一群嬉皮士打扮的社会青年去远方追求梦想，10年后照样实现了理想。当年的荒唐自然不碍事，荒唐转眼变成了时尚。

我心中一阵茫然，好像乾坤颠倒了。

歌颂亲情和家庭，歌颂为了爱而付出，难道不是东方文明自古的主题？唯利是图的西方社会反倒教育孩子们，为了梦想放弃亲人是自私的，放弃道德是邪恶的，最终必将自食其果。

好莱坞当然不是活雷锋。他们心里清楚，虽然电影是拍给孩子看的，电影票却是家长掏钱买的。家长的眼睛是雪亮的，电影当然不能教唆孩子背叛家长。但中国的作者似乎并不担心这一点。看看我们的青春剧：抄袭、作弊、捉弄老师，还有流产……只不过是"青春"的符号，轻松说一句"荒唐"便作罢。

然后呢？荒唐的后果呢？似乎没有什么不良后果。反正10年后大家都是人生赢家。

现实果真如此吗？

再看那些励志书，轻易就能抓出关键词：你的、你想要的、最好的自己……

难道一个人所应关注的就只有自己？自己的梦想、自己的感受、自己的成功、自己的未来……"自己"二字了得！一切都该为自己服务，即便眼前要学习察言观色、讨好别人，也是为了实现自己的长远目标。

然而，家长似乎也并不反对。

千万别吃亏、别让别人占了便宜、别落在别人后面、别输在起跑线上……这些何尝不是家长的座右铭？特别是在最近的某些热点新闻后面，很多家长都评论道："要让孩子学会保护自己。怎么保护自己？首先是不要多管闲事。"

也许有人会说："这有什么错？人不为己，天诛地灭，这是人性。"

没错。人当然该为自己而活，然而"自己"到底包含了什么？是名利、享乐和权力，还是自尊、自爱和内心的平静？"为己而活"或许确实是人之本性，但这个"己"字的内涵是社会定义的。社会能使排队成为令人荣耀的美德，也能使其成为令人难堪的循规蹈矩的行为。第一次加塞的人往往心存愧疚，这或许才是本性；但见到别人也加塞，这份愧疚也就淡了；若见别人因加塞而得到了好处，那他就像受到了鼓励；当听到众人说"按规矩排队的都是窝囊废"时,那他简直要为自己加塞而扬扬自得了。

因此,"精英"们不停地通过电影和书告诉年轻人:"作弊没什么,辍学没什么,流产也没什么,这些只不过是青春的符号;要坚持做自己,要让自己赢,要做你想做的,拿到你想要的!落在后头的都是懒汉、笨蛋、傻瓜!"

然后呢?

大家都变成"歌神"?或者至少在心里憧憬着、羡慕着、嫉妒着,哭着、喊着想要变成"歌神"?

然而,有多少人真的是因为热爱音乐才要变成"歌神"?

至少我知道某些所谓的青春导师并不是。因为我曾听他们在私底下说过:"想写什么并不重要!重要的是,写什么才能火!"

我还听他们说过:"写书当然就是为了畅销!如果不为了畅销,那为什么要把书写出来、印出来?"

他们忘了,老祖宗发明竹简刻字,为的并不是畅销,而是要把人的思想一代一代地传承下去。

人类最有价值的并非名利,而是思想。

然而我们的年轻人看惯了青春片,读惯了励志书,潜移默化地领会了"精英"们的意思,恐怕也就不再稀罕这些思想了,甚至连口口声声追求着的"自我"和"个性"也都没有了。

因为他们意识不到,自我并不是自私,个性也并不是任性。

自我是拥有自己独特的喜好,并不因外界影响而轻易改变。比如我不喜欢吃羊肉,即便别人都喜欢吃羊肉,吃羊肉被认为时尚而且有品位,我还是不喜欢吃羊肉，这就是自我；当大家聚餐时，因为我不喜欢吃羊肉，我就不许羊肉在桌子上出现，这就叫自私。我喜欢音乐，即便家人反对，我还是坚持喜欢音乐，这是自我；我喜欢音乐，我不顾家人的感受，抛妻弃子离家出走去做一名流浪歌手，这就是自私。在自我和自私之间，是有一条界线的。

然而，在把别人的反馈看作成功标准的社会里，并没有个性和自我的容身之地。有的只不过是伪装成个性的任性，和打着自我旗号的自私。我热爱音乐、热爱电影、热爱文学……说到底，是我热爱当歌星、当电影明星、当作家的回报。我想发财，我想出名，我想让你们羡慕、嫉妒、恨。

再回到《寻梦环游记》。小男孩米盖尔的音乐梦想到底是什么并不确切，但那位偶像"歌神"却再明白不过。"歌神"的梦想并非音乐，而是追名逐利，为此他不择手段。

如果我有孩子，我一定会带他去看这样的电影，多看几遍也无妨。

愿你成为野心家

文 | 火灵狐

从小大人就教育我，"野心"是一个贬义词。这个词看起来就不安分。而"安分"跟"听话""懂事""忍耐"一样，是一个虽然令我感觉不太舒服，却又挑不出什么错的词。

野心还意味着风险。安分守己的人总有一口饭吃，但野心可能给人锦衣玉食，也可能让人一无所有。它意味着不确定。你会选择安分地凑合着，还是做一个可能100分也可能0分的野心家？

"不作而死不如作死。"我妹妹是这么说的。她学美术，想去加拿大继续深造。英语零基础，她一边工作，一边学英语准备作品。上周，她的上司找她谈话，大意是觉得她不够安分，有点"作"。上司认为她已经有一份令人艳羡的好工作了，再找一个人结婚生子，这样的人生不是很好吗？为什么要折腾出国，英语又不好，她能确保读完研究生就能找到比现在更好的工作吗？就一定能过上比现在更好的生活吗？

你看，要击退一个人的野心其实很容易，只要列举出可能会出现的败局就足以令人踌躇。要坚持野心其实很难，你不但要独自承担失败带来的一切风险，还要忍受失败以后，安分的人对你的怜悯、嘲笑和幸灾乐祸。

我在私信里看到想投稿但犹豫不决的你，想竞选班长但心怀忐忑的你。我理解你的不安，也喜欢你的不安，因为这看起来非常真实。但是，我不喜欢你这样对待自己的野心与不安。因为仅仅只是展示不安，远不足以支撑起你的野心。你必须把不安紧紧捂在心底，否则它会跳出来，轻而易举地杀死你的野心。我的不安就常常在我遇到重大机遇时跳出来。有很好的跳槽机会，那个职位与我的野心很相称。可这时心里会冒出一个声音，不停地追问：你可以吗？万一做不好怎么办？你百分之百准备好了吗？

这种不安持续至今，直到我读了一本书——《向前一步》，作者是Facebook的首席运营官，一位女性。作者在书里提到《赫芬顿邮报》采访思科公司的首席技术官帕德玛锡·华莱尔，问她："你从过去所犯的错误中学到的最重要的教训是什么？"她说："当我刚起步时，我拒绝过很多机会。因为当时我想，我这种水平还胜任不了这项工作，或是我对这个领域还不够了解。现在回想起来，在某个特定时期，迅速学习并做出成绩的能力才是最重要的。如今我常跟人提到，当你寻找你的下一个目标时，其实没有所谓完全合适的时机。你得主动抓住机会，创造一个适合自己的机会，而不是一味地拒绝。"

所以，你得使劲去做你认为自己做不到的事，如果你有野心。"去做"，是很要紧的两个字。我学日语，发现"野心"这个词被写成"野望"。这让我觉得它走出了"心"这个狭小的空间，开始站在辽阔的平原上极目远眺。有了行动，才不会是做梦。你可能会遇见年长的人苦劝，说："野心算什么？我也有过。我曾经想这样、想那样，可到头来还不就只是这样？"说这话的人一定不是野心家。真正有野心的人会有异于常人的斗志，不要小觑这斗志的能量，它可能会颠覆你对自己的认知。而且真正有野心的人，即便输了，也心服口服，会骄傲地告诉后来人："我尽力了，我不后悔，我很高兴。"

　　我不敢说野心一定能够改变命运，但我相信它会让你变得很美。我第一次觉得野心很美是在小学时。从补习班出来，同行的小女生突然认真地说："你知道吗，我一定要考上一中。"她的声音不大，一字一顿，把这句话说得很慢。我脑袋"轰"的一声，感觉刹那间全世界的光都集为一束，打在那个小小的身躯上。多年以后回想起来，我仍然清晰地记得那双坚定的眼睛，它闪耀的光狂热、刺激，美得摄人心魄。她后来是不是真的考上了，我觉得那已经不重要了。重要的是一个人的生命里曾经有一个这样光芒万丈的时刻，足矣。

　　待到白发苍苍，回想往昔时，你的生命里是否也有过这样璀璨的一刻？

　　我希望我能有很多很多这样的时刻，宛若星辰，照亮生命。

　　愿你成为野心家，美得张牙舞爪。

不懂这一点,你会一直迷茫下去

文 | 刘轩

8岁时,我跟着父母移民到美国。

当时我连一句英文都不会,第一天上学前,父亲临时教我:"如果有人问你问题,听不懂就跟他说:'I don't know!'"结果,老师当着全班同学的面问我叫什么名字,我听不懂,只好回答:"I don't know!"

从此之后,我在那个学校的名字就是 I don't know。

刚到美国的那段日子,真是度日如年啊!父母都上班,放学后陪伴我的只有同样不会说英文的奶奶,还有我的电脑。

那是一台第一代个人电脑,是我天天拿着铜板去家附近的游戏店,攒了很久的彩票,忍着没把它们换成零食、玩具,终于有一天换到的大奖。

它只有40KB的记忆体(是40KB不是40MB,现在你读的这个文档都不止40KB),而且还没有储存功能(其实有,但我买不起),只要一关机就全部归零。它也没有游戏,只有随机附赠的BASIC程序语言。

但它陪我度过了那段最生涩、最寂寞的异乡岁月。我把写程序当玩耍,天天研究它的功能。那些BASIC的程序语言

（If...Then...）成了我最常使用的英文单词。每天在关机前，我还得用铅笔把程序抄下来，第二天开机再输入一遍。

现在回想，我还真佩服自己当年有那股傻劲儿。这个寂寞的8岁男孩儿，跟他那台只有40KB记忆体的电脑，后来还因为写的一个"模拟对话程序"在纽约市科学比赛中得奖。

从那时走到现在，我依旧是个对电脑和各种新科技毫不畏惧的人；我最不喜欢说，也最不喜欢听到的句子就是："I don't know！"

童年的那段日子，对我来说何尝不是一场训练？它训练了我专注、独自面对寂寞的能力。写程序需要冷静，因为第一次运行，一定会因碰到没有预料到的错误、没有计划周全的BUG而卡住。

但生气或懊恼都没有用，负面情绪不会让程序变好变快，我只能根据错误码，回去找到出错的地方，修正之后再运行一次，这就是一种修炼。

我长大后，面对错误时，我会把它当成一个BUG。哪怕再急再气，问题还是得自己解决。我告诉自己：过生活和写程序一样，一开始一定会碰到各种错误码，但只要有耐心解决，我就不信跑不顺。

这个信念，让我后来在念心理系的时候，特别关注"优化生活效率"的各种研究。这是我在8岁时就种下的种子。

后来，我考进了哈佛大学，和来自世界各地的天才、奇才、鬼才共聚一堂。在这所比美国建国史还悠久的老学校里，我天天看到最传统和最新锐的思想撞击，创造各种可能性，真可以说这是一个海阔天空的知识乐园。

我特别使用"乐园"这个词，是因为我发现那些在学校里混得最好的同学，就是懂得如何把学校当"乐园"而非"殿堂"的人。例如我很欣赏的一个朋友Joe，他不仅代表学校参加田径比赛、在学校的广播电台当

DJ、在附近的慈善机构做义工，还组织了两个学生会社团。

这些人往往不是班上前几名，也不是科科都满分的天才，但他们才是真正的风云人物。

我也发现，这些风云人物有两个特点：他们都很会利用时间，而且也很少抱怨生活。有别于很多学生总把自己苦读的黑眼圈当成勋章，像 Joe 这类同学，虽然日程很满，但你永远感觉不到他们被自己的日程绑住，或把"分身乏术"拿来炫耀。

我曾问过 Joe："你怎么可以一天做这么多事情，你一定起得很早吧！"Joe 不置可否，他跟我说："兄弟，其实最难的不是早起，而是早睡！"

他又补充道："晚上当别人正想去 party 时，你得告诉自己：'不行，我要早睡！'你的心态不是我'得'睡了，而是我'要'睡了！我们不是小孩了，没有人能跟我们说：'嘿，你得如何如何。'你既然能说服自己为什么要去做一件事，那就要告诉自己你'要'做，不是你'得'做。"

这句话真是一语点醒梦中人啊！虽然我现在还无法完全达到他所说的境界，但我经常用这句话提醒自己：年纪大了，没有什么事是非"得"，只有你够不够想要而已。

这是我从 18 岁的 Joe 身上学来的一课。

时间过得很快，一转眼，我已经大学毕业 20 来年，回到亚洲定居，而且有两个小孩了。

人们经常说，孩子是最好的导师，我十分赞同。不是说小孩可以教你什么，而是在照顾他们的过程中，我们可以反观并检讨自己。为了兼顾家庭和工作，我开始寻找更有效率的生活方式。为了应付各种突发状况，我更得加紧训练自己的 EQ——喔，不是"得"，是"要"！

我也问自己能够教孩子们什么，是科技？生活技能？书本里的知识？未来的世界将会变得越来越快，资讯密度将会越来越高，人工智能将会颠覆各种商业模式，这是我们的孩子将继承的世界，也是我们有生之年将面对的课题。

但不变的是：人还是需要与他人相处，还是有七情六欲，还是会拿不定主意，在情绪和理智间徘徊；我们还是会出错，还是要学习，仍旧会追求梦想，也会一辈子寻找生活的意义。

人体是一台机器，而且是一台不完美的机器。每台机器都有极限，也有最优化的使用方式，这包括我们如何照顾自己的身心。我想，心理学和不同领域的知识，除了能让我们过更有效率的生活，也是一种基本的生活须知。

我不一定能预测环境如何改变，但我起码能提升自己的适应能力，让自己更稳定、更有效率。我的目标是，把目前心理学研究出的理论转化为能够实行的生活方针，传递给更多人。就像童年识字一样，哪怕以后有再多的书本堆在眼前，只要读得懂，就不用怕。

8岁时的我学会了克制情绪与解决问题；18岁的Joe提醒我，主导权始终在自己手里。

现在，我又从生活与孩子身上，学会了不要害怕改变，而且要懂得调整自己。而做了所有的研究后，我更深信：即使活到88岁，人还是可以改变的，而且改变的幅度将超乎你的想象。

"行行出状元"并不是真的

文 | 刘威麟

你真的相信"行行出状元"吗?

朋友有一次说到他和孩子的一段对话,我听了后觉得非常有趣:

某一天,那个孩子指着手上从图书馆借来的故事书对他父亲讲:"爸爸,书上说,那位大企业家以前一度在街上当乞丐,好多年后,终于翻身,成为大企业家。"

另一个故事是有关某位大科学家的,他以前逃学而且离家出走,后来浪子回头,回到学校,重拾学业,最后成为了不起的科学家。

还有一位年轻的严重酗酒的艺术家,后来成为千古留名的大画家。

看完这本书,孩子问了一个很令人吃惊的问题:"看起来,当一个大人物还是蛮简单的呢!以后我就算逃学、离家出走、酗酒、当乞丐……无论最初怎么走,最后都还是有机会当一个了不起的大人物,对吧?"

父亲问他:"为何会这样想?"

换作是你,会怎么答这个问题?

那位朋友听到他孩子这样问，首先，他肯定了孩子读了这些传记，心生了一些想干一番了不起的事业的动力。

不过，该怎么和兴致勃勃的孩子解释这样的故事呢？

那些故事都太夸张了？

那些故事只是特例？

还是直接告诉孩子，他的逻辑不对？

若这样告诉孩子，是否表示那本书的可信度也一起打了折扣？

后来，这位父亲改用另一种方式，和孩子分析了一番道理。

"孩子，"这位父亲说，"这些故事其实是在告诉小朋友们，当大企业家、大科学家、大画家其实很困难！"

"哦，为什么？"

这位父亲继续他的"神回复"："因为你看看外面有多少乞丐，其中只有这么一两个成了大企业家；有多少离家出走的人，也只有这么一两个成为了不起的科学家。那你是否知道，其他没当成大人物的人在做什么吗？"

他立即从网上搜索了一堆可怜的流浪汉的照片，那些照片令人看了心酸，孩子不忍再看下去，频频哀叫："不要再看了……"

"所以，你知道为何这本书要讲这些成功的故事给你听了吗？"父亲问。

孩子摇摇头。

"它就是要告诉你，在你这个年纪，就是要坐在书桌前好好温习功课，下课后多看书、多体验、多学习……"父亲说，"千万不要逃课、离家出走、酗酒、当乞丐，这样你才有更大的机会成为大企业家、大科学家、大画家。"

然后这位父亲还没讲完。

重点还在下一句。

"而且,"这位父亲说,"就算你没当成大企业家、大科学家、大画家,你还能做一个像你爸爸这样的人。"

听完这位朋友的"神回复",我笑得眼泪都出来了!

不过,他说的还蛮有道理。

现在有一种氛围,有些父母真的相信"行行出状元",在多元教育下,竟然非常放任自己的孩子,孩子想选什么、要学什么,都可以。

甚至考试不必复习,作业不想写,由父母出面向老师求情;孩子想出去玩,父母就花大钱带孩子出国,不顾孩子的学业。

这些父母心里一定在想:"行行出状元,这都到什么时代了,干吗一定要限制孩子?"

但这样的想法其实是不负责任的,因为孩子其实并不知道,他一味凭着感觉走最后会给自己带来什么样的生活。

说不定,那是一种高风险、非常痛苦的生活。

也说不定,那是一种要流浪街头的生活。

父母不需要限制孩子,但也不能放任孩子。他们应该充分运用经验和智慧来分析,让孩子充分了解"行行出状元"背后可能存在的风险。

那才是孩子将要面对的真实的世界。

一个科学家的养成

文 | 苏河

为何没有成为坏孩子

在《道金斯传》的上部《一个科学家的养成》中，以时间为序，理查德·道金斯自述了其在非洲的童年生活、回到英国后的求学生涯、在牛津大学攻读研究生，以及早期在加州大学伯克利分校任教的情况。

看起来，这并不是一个十分愉快的成长故事。

1941年3月26日，道金斯出生在肯尼亚首都内罗毕。正值"二战"，他父亲约翰·道金斯所效命的英王非洲步枪团驻扎在肯尼亚，母亲未获允许却随军而行。

因为父亲频繁更换驻地，道金斯的母亲不得不带着道金斯一路辗转。父亲每到一处新驻地，她便得在新驻地附近找寻住所和工作，工作通常是为雇主打理家务或照看雇主的孩子。生活不定，物质匮乏，父亲身不由己，母亲数次患病，这样的环境，很难说有利于孩子成长。

8岁时，道金斯随父母回到英国，按家族惯例，进入寄宿学校茶芬园读书。在那里，道金斯经历了不少体罚，也目睹过身边的同学遭受校园欺凌。

1954年，道金斯进入奥多中学读书，在中学的最后阶段，他放弃了宗教信仰，成为无神论者。

1959年，道金斯幸运地考入牛津大学贝利奥尔学院。1963年，他继续留在牛津大学读研，师从简·丁伯根，正式开始其学术生涯。

童年生活动荡，迁徙成为常态；幼年与父母分离，在寄宿学校长大；青年时，道金斯甚至在书中隐晦地谈到学校自杀的男教师有恋童倾向……如果这一切最终导致一个人走上歪门邪道，甚至发展出反社会人格，那听起来应该是很符合人的成长经历影响性格发展的心理学分析的。

但是，为什么道金斯能够成长为今天的道金斯，而没有成为一个坏孩子？

给孩子什么才是最珍贵的

通读《道金斯传》，不得不折服于道金斯的幽默、风趣与热情。比如对自己在男校度过整个青春期的苍白，道金斯这样调侃自己："我对所有的女生都心怀敬畏，连一支笔都不敢跟她们借，那么比借笔更有意思的事情，就更不会发生在我身上了。"

很明显，道金斯的这种性格深受其父母的影响。在艰苦的条件下，道金斯一家始终保持着乐观的心态。

乐观而保有自己的爱好，这是道金斯的父亲在书中给人留下的印象。在道金斯眼里，父亲总是会忙于某一项令他着迷的兴趣爱好。通常情况下，这项活动能充分施展父亲的巧手和发挥父亲的独创精神，这一点很令道金斯钦佩。父亲曾利用废旧金属和麻绳，制作出彩色幻灯片。

道金斯的父亲还非常喜欢记录天气信息，年复一年地在笔记本上记录每天的最低气温和最高气温以及降水量。道金斯发现，家中的宠物狗时常在父亲的雨量测量器中尿尿，但这丝毫不影响父亲继续一丝不苟地做记录。

这种对自然保有热爱与兴趣、对科学充满探索的精神，不仅存在于道金斯的父亲身上，也存在于道金斯的祖父、外祖父及两位叔叔身上，他们均在各自感兴趣的领域有所成就。外祖父撰写的《短波无线通信》从20世纪30年代到20世纪50年代早期，一直是该学科的权威教科书。小时候的道金斯虽看不懂这本书，却深深地为外祖父感到自豪。

书中有一幅插图也非常引人瞩目，那是爱画画的道金斯的母亲所描绘的家庭生活画面，在这幅名为《我们曾经的交通方式》的画作上，有道金斯的父亲在索马里用过的装甲车，也有道金斯的母亲牵着道金斯大踏步前进的场景，还有道金斯用玩具卡车推着妹妹莎拉的场景。出现在画面里的还有马拉维湖边的沙滩、道金斯的宠物变色龙和婴猴。这样的画面充满了对生活的热爱，这份热爱溢出画面，一直流淌在道金斯的生命之河中。

与爱相随的是自由。与今天被迫在各种培训班兜兜转转的孩子们不同，道金斯和他的妹妹享受着充分的自由，可以尝试很多事：到山谷冰凉的溪水中游泳，在家中做化学实验，用各种手法折腾出甜菜根酒、清洁剂或维生素药丸。道金斯的父亲甚至还给了兄妹两一窝小猪崽，让他们全权负责照料小猪。

爱与自由、乐观与幽默，我想，这才是父母给予孩子的最珍贵的东西，而不是充沛的物质和有距离的"陪伴"——比如，父母在孩子身边，却低着头看手机。

这应该就是道金斯没有变成坏孩子的一个重要原因。

为什么牛津大学是塑造他的地方

道金斯认为,牛津大学是塑造他的地方,而其中对他影响最大的,则是牛津大学和剑桥大学独有的导师制。

在牛津大学的学习生涯中,发生的许多故事都让人感动。比如当道金斯问了辅导老师布鲁奈特博士一个问题,而对方回答不上来时,布鲁奈特会边抽烟斗边沉思道:"很有意思的问题,我去问问费奇伯格,回头向你汇报。"

导师向学生"汇报",这让道金斯感觉自己正式加入了大人的行列,在学术上被认真对待。为此,他兴奋地在家信中向父母提及此事。

在牛津大学读研时,道金斯加入了经济学教授简·丁伯根的团队,这对于他的学术成长是至关重要的一环。在这个团队中,有一位长者迈克·卡伦,深受道金斯爱戴,他甚至不惜在书中完整地收录了他为卡伦所写的悼词。

道金斯在悼词中写道:"他本人并没有发表过许多论文,但他在教学和研究中孜孜不倦。他总是匆匆忙忙、披星戴月,而余下的一点儿个人时间也贡献给了研究工作。但这些研究却不是他自己的研究……其实,在那个黄金时代,从贝尔顿路13号(卡伦办公室)发出的数百篇论文,都应该将他列为合著者。而事实上,除了致谢的部分,他的名字从未出现在任何一篇论文中……"

这样一位教育者的形象,对于今天的映照意义是不言而喻的。

养成与走向有着怎样的联系

《道金斯传》的下部是《我的科学生涯》,按主题划分,分别讲述了道金斯在牛津大学执教的39年里，参加学术会议、撰写科普著作、拍摄纪录片、创办西蒙尼公共科普讲座等人生经历。

自传上部中，在家庭、学校等环境因素综合作用下养成的科学家，在自传下部所讲述的辉煌的科学生涯中，选择走向大众，选择面对最广泛的群体来传播科学，这种养成与走向之间，到底有着怎样的联系？

我想，那其实就是一颗科学的种子萌发、生长，最终长成参天大树，又把种子播向四方的过程。

父母和老师在道金斯的心中播下的这颗种子，既饱含对生活的热爱、对自然的好奇，也有着对真理的追求、对新知的接纳。在自传下部的第一章《牛津那些事儿》里，我们可以清晰地看到道金斯的教育观念，尽管他始终在打趣一些陈年往事，但在字里行间，他对教育的看法是相当明确与强硬的。

比如他曾经和同事就一名牛津大学历史系学生在世界地图上找不到非洲的位置一事展开讨论。同事为这名学生辩护说，也许是因为她上高中时落下了一节地理课。而道金斯认为："如果一个人长到17岁，不能受好奇心的驱使而去了解非洲的位置，必须通过课堂学习才能掌握这个知识点的话，那就意味着这个人早已对世界失去了兴趣，对学习新知是懈怠与抗拒的，这样的学生本就不该被我们学校（指牛津大学）录取，哪所大学都不应该录取这样的学生。"

道金斯常常这样语出惊人，尽管道金斯的建议很少被采纳，但这些貌似戏谑的建议背后，凸显的是道金斯的坚定信念：播种科学的种子和进行科学研究，有着同样重要的价值。

会思考远比努力更重要

文 | 蔡志忠

美国有一个化学教授得了诺贝尔奖,《纽约时报》找不到他的照片,就派了一个摄影记者去学校给他拍照片。

他问记者:"为什么要给我拍照片?"

"因为你得了诺贝尔化学奖,很伟大。"记者说。

"我伟大不是因为我的脸蛋,而是因为我的屁股,因为我可以一天坐着工作15个小时做化学实验,所以请拍我的屁股吧。"

我自己也是屁股最厉害,我的脸蛋长得并不怎么样。我曾经坐在椅子上花58个小时做一个4分钟的电视片头;我曾经42天没有出门,在屋子里面做一件事;我曾经花了4年时间,到日本画了40本诸子百家和四格漫画;我曾经花10年零40天研究物理、数学。

不饿死就画上一辈子

大概4岁的时候,爸爸送给我一个小黑板。他教我识字,首先写我的名字,然后写天地行、孔乙己,诸如此类。所以我4岁半就开始学写字、看书,也从这个小黑板发现了我的人生之路——画画。

我很爱画,也很会画,只要不饿死我就要画上一辈子。

当时最接近画画的就是画电影招牌,所以4岁半的我就立志要画电影招牌。我从四五岁开始,就可以自己搭车从乡村去城市,那时没有绑架小孩的,路上车也很少,所以父母从不担心我的安全问题。长大一些我去了彰化市、云林市那些专门画电影招牌的地方,站着看他们画。我问了他们的报酬,大概4平方米60块,我算了算,一个电影招牌大概要画18片,可以赚100块。我觉得他们很厉害,一个鼻子只是画一个白点然后绕一圈,远远看过去就会反光。那个时候,画电影招牌的人就是我的偶像。

我9岁的时候,台湾流行漫画,我那时候就立志要当漫画家。当时我就觉得漫画最主要的是内容,内容好才是王道。一直以来,我画漫画只花1%的时间去画,其他99%的时间都是在构思内容,无论庄子、老子,还是后来的物理、数学,我都是花了99%的时间去了解故事内容。

初中二年级的时候,我画了4页漫画寄给台北的集英出版社。出版社不知道我的年龄,就回信说你画得很好,我们请你当漫画家。接到信的那天下午,我跟妈妈说:"妈妈,明天我要坐早班车去台北。"她说你要跟你爸爸说一声。我平常很少跟我爸爸讲话,那天晚上我爸爸吃完饭,坐在藤椅上看报纸,我就站在他后面,说:"爸爸,明天我要去台北。"他说:"去干什么?"我说:"去画漫画。"他问:"找到工作了吗?"我说:"找到了。"他说:"那就去吧。"

第二天早上,他好像去了田里,我就拎着皮箱先坐公交车到彰化,然后搭火车。他给我200块钱,搭火车花了32块钱,到了台北又花了3块半坐三轮车——我说的是台币，其实就是带了 40 块人民币。

坐火车的时候，我走到最后一节，看着铁轨往后面跑。我对着故乡说："永远不回来了，再也不回来了。"我肩不能挑、手不能提，做不了农民，我爸爸妈妈以前都说我以后只能去路上捡牛粪——以前乡下有这个行当，断了手的或是跛脚的人，带着一个竹笼，沿路去收集牛粪，已经干了的牛粪可以卖钱。

创作的核心是内容而不是技巧

到了台北，那个老板才发现原来我这么小，身高大概比皮箱高不了多少。我睡觉的地方很糟糕，一个大概 4 平方米的屋子，里面有两张床，两层的，睡了 4 个人。第二天早上，我大概四五点就起床了。周围的声音从以前在乡下的鸟叫声、公鸡叫声、狗叫声，变成汽车发动的声音和喇叭声，我突然发现，"哇，我已经是职业漫画家了！"就非常高兴。

听说现在的漫画家一个月画不到 30 张画，以前我们是两天至少要画 30 张，否则赚的钱就不够维持生活。很多漫画家误以为只要会画漫画就是漫画家了，其实还差得很远。因为漫画家是一个创作者，所以最主要的不是画画技巧，而是内容和故事。

35 年前我在日本。我是台湾人，日语也不够顺溜，想让日本的出版社出我的书希望渺茫。所以我就思考：画什么东西可以非常畅销，并且是日本漫画家画不了的？想来想去我决定画诸子百家。

我刚开始画了 80 多张初稿，给讲谈社的阿久津先生看，他说这个肯定很畅销，这本书一定要给我们讲谈社出版。我说，对不起，不是一本，是 30 本。我从一开始就想得很明白，在画之前就知道这书一定会很畅销。

把工作变成人生最大的享受

其实,我的人生观可以教给你们一点——我已经68岁了,有资格这么说。我觉得努力是没有用的,我上小学三年级的时候就知道不能跟在老师后面亦步亦趋,我从来都是自己的问题自己找答案,所有的东西都自己学。

为什么努力是没有用的?老师或父母老是对我们说要努力,努力就会走上巅峰——才怪!如果这样,不是所有的人都走上巅峰了吗?人生不是走上坡路,你持续走就可以走到巅峰;人生像是走台阶,每一阶有每一阶的难点,学物理有物理的难点,学漫画有漫画的难点,你没有克服难点,再怎么努力都只是在原地跳。当你克服了难点,你跳上台阶就不会再退步了,就像你学了语文,即使你10年不讲,碰到合适的状况也会讲;就像你学会脚踏车,10年没骑,但也不会丢失这项技能。

举个例子。第二次世界大战结束后,各国决定要成立联合国。联合国的地址选在纽约。可是光盖大楼就要花860万美元,没有人愿意捐土地给联合国。小洛克菲勒知道后,宣称他要捐土地给联合国。所有的人都觉得这个事完全没有利益,可事实是,洛克菲勒买了一大片土地,土地中间那一块捐给了联合国,当联合国大厦建成后,他的土地价格涨了10倍,所以他虽然捐了860万,最后其实赚了8600万。

我举这个例子当然不是说人不需要努力,关键是要会思考。人生其实很简单,只要你找寻你最拿手、最喜欢的事物,把它做到极致,无论做什么,没有不成功的。当你在做的过程中,比其他人快、比其他人好,然后你越做越快、越做越好,你就会进入一个新的状态,就会身心合一、排除一切。这个时候,你会发现人生的最大秘密:原来工作不是负担,而是人生最大的享受。

这世界上所有的美好，都来源于专注

文 | 李尚龙

先给你看一组数据：每年，全世界生产800万首新歌，200万本新书，1.6万部新电影，300亿篇新博客、文章，1820亿条推特（微博）信息，4万件新产品。

我看到这则信息时很震惊，这意味着什么？

意味着我们已经完全走进了一个信息爆炸的时代，现在的信息已经不再缺乏，而是泛滥，不仅泛滥，还令人眼花缭乱。

如果说原来许多人失败的原因是信息缺乏，现在许多人失败的原因却是信息爆棚，丧失了专注的能力。

1971年，诺贝尔奖得主Herbert Simon曾说："在信息丰富的世界里，唯一的稀缺资源就是人类的注意力。"

现在看来，这句话正在逐步被验证。信息爆炸声不绝于耳，专注于是成了奢侈品。可是，这世界上的美好，常源于专注。

那应该怎么破？

先问你几个问题。

你有多久，没从早到晚专注于干一件事情而没看手机了？

你有多久，没花四五个小时读一本书并做读书笔记了？

你有多久，没花一周的时间学一门技能且没有开小差了？

答案很残酷。因为，很久很久了。

大多数时间，我们都是学习五分钟，看两小时手机；看两页书，再看一个短视频；上一会儿课，再刷一刷朋友圈。

心理学有个概念叫"心流"，心流越长，注意力越集中；心流越短，越容易被干扰。而心流的长短，是可以锻炼出来的。当我们长期把心流变得越来越短时，我们就越来越容易被别的事情打扰，也就慢慢失去了长时间独立思考的能力。

这是互联网思维的弊端，总是碎片化，话题切换的频率也太快。

凯文·凯利曾经说过："未来当信息爆炸、服务共享、商品贬值后，唯一值钱的,将会是一个人的注意力,注意力流向哪里,金钱就跟向哪里。"

而我们有多久没有全心全意地做过一件事情了？

我的微博里总有人问我该怎么学英语，我原以为是学生们不懂方法怎么用，后来才知道，是方法太多，眼花缭乱，不知道该用哪个。现在，这么多培训网站，这么多 App，这么多老师，该怎么选择？

许多同学在网上报了一个班，又报了一个线下的课程，还找了一对一辅导，到头来，还是考得一塌糊涂，为什么呢？

选择多，难道不是应该更好吗？

我给你分享一个我学英语的故事吧。我学英语的时候，手上只有两本书：《新概念英语3》和《牛津词典》。的确，连电子词典都没有，那时军校里甚至不让用手机，更别说电子词典了。有时候我会很感激那段资源匮乏的时光，因为我没有其他选择，只能专注于一件事情。于是我开始背词典，那本厚厚的牛津词典，我在一年里背了三遍，那本《新概念英语3》我读了快十遍，直到今天，大量篇幅还历历在目。

后来实在没书了，就请假去校外的旧书摊买《新概念英语4》，那本书成了陪伴我大三时间最长的礼物。

我曾经跟朋友聊过这段学英语的日子，他感叹说："真是只有贫穷才能出英雄啊。"

我说："不对，贫穷不会出英雄，这个时代贫穷只会让人寸步难行，贫穷只会让人志短。"

其实，专注才能出英雄。

我再分享一个故事，我的高中英语老师在上课时讲过的：那年他为了一个无解的语法问题，查了大量的书，后来发现所有人讲的都不一样。于是，他骑着自行车在寒冷的武汉穿过两个街道，等在留学生宿舍楼下，问一个路过的美国同学该如何解决。他说，那个美国人很无奈地看着他，不过，问题解决了。

那时，一个个问题，都是这么解决的。

这个故事直到今天都很打动我，在那个物质匮乏的年代，人们不得不专注，也正是由于专注，才创造了卓越。可是，而今信息泛滥，人反而不知道是否应该以及如何专注了。越来越多的人想要一步登天，想快刀斩乱麻，想一口吃成胖子。

甚至，曾经有个学生问我："老师，我不想专注，能不能不背单词就过四级？"

我说："孩子，重在参与。"

专注真的能给人带来美好吗？答案是真的。

我曾经为了鼓励学生坚持和专注，时常让学生在微博上打卡说听课感受。不仅如此，只要坚持了30天的孩子，会得到一本书。

后来，那些坚持了30天的孩子，自己建了个QQ群，互相交流自己是怎么坚持下来的，在这个群里，竟然成了两对情侣。有一对，一个在无锡，一个在甘肃，甘肃的姑娘，正在为了和无锡的男孩走到一起而考研；还有一对正准备结婚。他们经常调侃我："本来就想要你一本书的，结果找到了另一半，happy accident。"

我笑了一下，没说话，因为我明白，懂得坚持、专注的人，运气都不会太差。

许多时候，我们在坚持一件事情时，或许没有达到原定的目标，却有了更大的收获。

坚持学习，认识了挚爱；坚持锻炼，躲过了病灾；坚持写作，变成了作家（写到这儿，我脸红了一下）。

生命总是充满了彩蛋，关键看你是否舍得在这遍地的纷繁里，大胆做减法，专注于一两件值得专注的事情。

其实，越长大越应该明白，聪明的人都在给生命做减法，然后专注于减法后的选择。

毕竟，这世界上所有的美好，都源于专注。

不进步是因为你搞错了练习方式

文 | 游识猷

美国佛罗里达州州立大学的心理学教授安德斯·埃里克森是研究"专家"的专家。他发现,很多人之所以未能成为佼佼者,要么是未能坚持练习,要么是徒有恒心与雄心,却搞错了基本的练习方式。

基因决定了有些练习注定徒劳无功,假如你非要"无器材徒手飞行",再多的练习都无济于事。然而,但凡在"有人曾成功"的领域,科学的练习方式,的确能助你成为一流专家。

先说错误的练习方式。

要学一项新技能,通常的步骤如下:

一、买买买。学乐器,就买乐器;学绘画,就买画具;学健身,就买器材……不先买点东西简直无法学习。

二、师父领进门。两类师父可以领人进门,一是直接师父,比如教练或导师,能提供直接指点;二是间接师父,文字、视频、公开课,靠自己琢磨领悟。学习通常从易到难,循序渐进。先修一课,修到自觉掌握,便提升难度;再自觉掌握,再提升难度……如此不断地循环。直到你觉得自己已经从"一无所知"学到"略懂一二",可以出师了。

三、修行在个人。出师以后，怎么继续练？自然是"拳不离手，曲不离口"。该吊嗓就吊嗓，该站桩就站桩。学外语就是每天把学会的东西说几遍。弹钢琴就是每天把学会的曲子弹两轮。年复一年、坚持不懈，功夫下得如此深，铁杵必成绣花针，对吧？

错。埃里克森管这种修行叫"幼稚练习"。从你自觉"基本可以了"的那一刻起，进步就停滞了。重复与机械只能带来熟练，不能带来进步。即使花再多的时间，也只是"降低了完成某事的难度"，而不是"提升了某方面的能力"。

真正提升能力的练习，叫"预思练习"。预，是有明确预期，怎样的练习成果是好，怎样是差，并且知道需要衡量哪些指标来给自己反馈。思，是要用脑思考，用各种新方式不断尝试，刻意练习。如此，才能不断有突破。

英国的一项研究显示，伦敦的的士司机与公交司机同样开车多年，但只有的士司机负责记忆空间位置的大脑海马区变大。这是因为公交司机每日开同一条路线，固然驾轻就熟，大脑却未经受足够的挑战，而的士司机需时时掌握伦敦的最新路况，思考如何最快最顺地将乘客送达，大脑遂得到充分发展。

一个学会用小提琴拉《梁祝》的人，简单重复练习5年，可能拉得不费吹灰之力，对曲子的控制力与表现力却不曾精进半分，没准还不如刚学会时。顶级医院里，老医生是一流人才，因其持续面对疑难杂症，必须不断突破自我。在没什么挑战的小医院，年资高的医生有时反而知识陈旧落后，还不如毕业没多久的年轻医生。才能如逆水行舟，不进则退。顺风顺水地练了1万个小时，你可能只是在做幼稚的练习。

真正的学习不只是入脑，还须走心

文 | 武志红

我有一个朋友，小学一二年级时数学成绩一直很差，因为她完全搞不懂加法是什么意思。

一天，她走在街上，看着街上的两个物品，突然间明白了：哦，加法，不就是两个数加在一起吗？就像这两个物品加在一起。

明白这一点后，她的数学成绩一下子实现了飞跃。

这种明白，心理学上称之为顿悟，英文为"insight"，国外还有一个有趣的说法叫"啊——哈"，之所以这样说，是因为顿悟发生时，心里不自觉地会有这两个感叹："啊！哈！"

顿悟，是一个人自己对某种事物之规律的一种发现。这是"我"的发现——这是顿悟的根本价值所在。

有了顿悟，就意味着一个人真正领会了些什么，这是真正的学习。

与顿悟相对应的，是模仿学习。模仿学习，即我不知道其中的道理是什么，但我从别人那里知道了这个道理是什么。

模仿学习永远是跟在别人的后面，而顿悟永远是崭新的。即便你顿悟到的一个发现可能是无数人都发现了的，但对你而言，这是崭新的，而且真的是你自己发现的。

譬如说，小学生都知道 1+1=2，但是，第一个总结出这个规律的人，那必定是惊天地、泣鬼神者，而轻松通过模仿学习获得这一知识的人，就领略不了顿悟的那种美了。

就说说我的这位朋友吧。她回忆说，当时她觉得大脑中有一道白光闪过，整个世界突然变亮了很多。然后，或者说几乎是同时，那个顿悟"加法不就是两个事物加在一起吗"从心中涌现了出来。

顿悟，经常显得很是有些愚笨。

美国伟大的催眠大师米尔顿·艾瑞克森有阅读障碍，他读书时的多数时间里就是在翻字典，因为他不知道字典是怎样排序的，所以，每次查找一个字，他都是从头查起。一直到 16 岁，一天他在家中的地下室里查字典，突然间好像一道白光将整个地下室照亮，一种巨大的喜悦从心中涌出，他发现：原来字典是从 A 排到 Z 的。

原来如此，他自己发现了字典排序的奥秘。

自己发现这个奥秘的过程，就是这样的美。相反，一开始就被告知字典是如何排序的我们，有几个人能有幸体验到这种美呢？

在逛一些心理学专业论坛时，看到网友们贴的文字，我感觉到郁闷，好像论坛上活跃着一个又一个大师。其实，不过是网友在转述大师们的理论和语句而已。

大师们构建起自己的理论和语句，那必定是经历了无数的顿悟，一次又一次感受到"原来字典是从 A 排到 Z 的"那种美。这个历程是很不容易的，但是，通过模仿学习而知道这些理论和语句的表面道理所在，是很容易的。

甚至，都容易到了这个地步——好像自己在转述时就已掌握了其全部精髓。但是，这一定是一个幻象。这种掌握没有经过你的心与你的灵魂，它只是头脑上的知道而已。

举一下我自己的例子。我在大学时就知道了弗洛伊德讲的俄狄浦斯情结（恋母情结），但是，直到半年前我才通过一系列的顿悟，部分解开了我自己身上的俄狄浦斯情结，然后才能比较好地在这一点上和我的来访者一起工作。

假若没有我对自己的俄狄浦斯情结的领悟，那么我也很难陪伴我的来访者在这一点上抵达真正的领悟。

心理学毕竟还是比较窄的领域，我们还是回到常见的话题上吧。

记得那年春节联欢晚会，看到"百家姓女孩"王仙妮上场表演时，我心里有一种巨大的悲哀涌出——这到底有什么意义？

后来，中央电视台心理访谈节目对王仙妮做了深度访谈，更进一步加深了我的这种悲哀——这到底有什么意义？！

王仙妮倒背如流的不仅仅是《百家姓》，还像什么《唐诗三百首》这类书。这种记忆力让一位老师一时震惊，以为她是天才，但当这位老师询问王仙妮是如何理解一些简单的句子时，王仙妮完全说不上来，这位老师再一次震惊了。

我猜，这种震惊也许和我的悲哀有共同之处。

在上高中时，我也背过《唐诗三百首》和《宋词三百首》，还有像高考范围内需要背诵的课本，我也都背过了，甚至连鲁迅的一些文章我也全文背诵了。不光是为了高考，更主要的是爱好。

然而现在，这一切都在我的脑海中不复存在了。说来悲哀，它们真的只是进入到我的头脑中而已，它们不曾碰触到我的心。

假若时间可以重来，那么，我会很慢很慢地去读唐诗宋词，希望再读的时候，能恍然间穿越时光隧道，好像又回到作者的时空中，碰触到他的心，与他的心弦以同一个节奏跳动。

追根究底的快乐

文 | 刘威麟

一位同学来美国找我玩，我很惊讶地发现，日常生活中的所有现象，他似乎都知道为什么，譬如油罐车尾部为何要拖一条铁链，为何台湾的汽车都加 95 号汽油，美国的汽车却加 87 号和 89 号汽油……

当我们来到海洋生物馆，进入一家专卖各类新奇玩意儿的纪念品店，他很快乐地盯着某个玩具一直研究，那家店他逛了 20 分钟还不出来！或许有些人觉得，这种快乐好像小时候看科普书，学了一些科学知识，然后跑过去跟妈妈说："看，我也知道！"但我站在旁边，却可以深切地感受到这位同学心中的那种特殊的快乐。

这种快乐，叫"追根究底"。

我小时候是一个很憎恶数学的学生，我之前学数学都是靠背公式。死记硬背到高中时终于不再奏效，于是我决心把整本厚厚的课本都弄懂，希望从此永远打败一向害怕的数学、物理、化学。这决心下得很狂妄、很大胆，但也真的下对了。要做就做最好的，当我第一次感受到，我已经把整个公式都证明出来，再自由自在地推来导去，老师还在台上慢慢地抄下一个延伸的公式，而我根本连背都不必背，只需在旁边纳凉时，那感受简直是"爽上脊椎"，令人全身轻松。

自从那时起，我开始习惯性地去搞懂每一件事。当然，我指的是在科学方面。尤其当时那本费曼的《你管别人怎么想》也深深影响了我。

看到车上闪烁的方向灯，我会花很多时间去研究两辆车的车灯在闪烁时的差异。当然这在专家看来很好笑，但那时候我就是这么疯狂，简直想当科学家了。不过，追根究底要懂得适可而止，当时，这让我耗去一些不必要的功夫来解一道理应很简单的习题，也让我在后来大学中期的电机考试时力不从心。我知道我无法事事都追根究底，但假如不究底，我不知道如何抓住事情的本质。

不过，令我印象最深的是，追根究底为我带来一种持续的、绝对的快乐，这段时间，我彻底地感受它、享受它，这种快乐超越了读万卷书带来的快乐，相较之下，读书像是吸取了一大堆知识，肚子胀得像气球，虽然有饱足感，但让人有点寸步难行。但我追根究底，自己查找答案、了解真相，这些并不是书本教我的，而是我通过自己的努力获取的，就像吃了营养丸，只需一颗就让我满足，而且"只有我才能尝到这颗营养丸"的快感更是让我喜上眉梢！

这种快乐只要一尝，便永生难忘，而这种快乐通常要在一个相对封闭的环境中才能实现。

在"真空的环境"中，我们有足够的时间和足够独立的空间，慢慢地追根究底。进入社会后，有少数工作可以让人享受追根究底的滋味，拥有稳定的薪水、充足的时间，可以每天慢慢研究这个那个，但对于其他上班族来说，通常没有这种时间、这种心境，也没有这种工作机缘。在许多地方，我们急着完成任务、创造事物；在另一些地方，又得做出全盘的思考，无法针对某一样东西追根究底。

当今社会所谓的追根究底，大多是针对一些本来就没有正确答案的事情在深钻。

很多时候大家以为在追根究底，其实不是，因为大家一开始的出发点就不同。富人就是富人，穷人就是穷人，在同一角度上争论孰是孰非，除了搞得乌烟瘴气又伤身体之外，没有任何意义。从前的"真理"，很有可能过了10年又不是了。

不过，科学的真理却几乎是永恒不变的。

像这种要不要盖核电厂、该不该建高速公路的问题，就交给热情的专家们去讨论，让我们来研究看看，核电厂到底是怎么运作的，高速公路的自动票务系统是怎么运作的。把它们弄得清清清楚楚，就像孩童指向天上的星星，问它们究竟是什么，让一道小小的知识流下载到脑子里，刹那间，眼睛明亮。此"根"此"底"虽小，却如此真实、永恒。

状元老爸的智慧三"不"曲

文 | 焦晓辉

2015年的高考已经落下帷幕。在许多考生前途未定时,有一个男生却收到了北京大学的录取通知书。他就是南京市2015年理科高考状元任凯文。

谈到任凯文为什么能够如此出色时,他的爸爸任忠明谦虚地说:"我没有所谓的家教秘诀,只是用'三不'政策培养了凯文的能力和素质。"

这"三不"就是不陪、不奖励责罚和不死读书。

不陪,培养出自律好习惯

1993年,任忠明从杭州某部队退伍后,回到家乡南京溧水工作。多年的军旅生活,练就了任忠明独立有主见的个性。因此,儿子出生后,在教育孩子方面,他也有与众不同的想法。

任凯文上小学后,学校开了家长会,要求家长陪着孩子做功课,每天检查孩子的作业。一开始,妻子简泽芳想照着做,但任忠明坚决不同意:"不用。一个人,首先要是个自由的人,才可能成为一个自觉的人。"

任忠明只是在儿子刚上学的那一周,给他一些必要的指导,让他要遵守学校的纪律和规定。一周后,任忠明就把陪伴在儿子身边的妻子拉走了。

面对妻子的不解,任忠明解释道:"我们越陪孩子,就越会让他产生依赖心理。这不是在培养孩子的好习惯,而是在慢慢削减孩子与生俱来的自控力。"

没有家长的陪伴和监控,凯文一下自由了。刚开始,他不会安排时间,放学回家后,先吃点东西,再看一会儿电视,然后才磨磨蹭蹭地去写作业。有一次,任凯文一直玩到睡觉时,才想起来忘记写作业了,急得哭了起来。任忠明语气平和地对他说:"文文,不要哭了,谁都会有记不住的事儿。我和妈妈不会怪你,但你要想办法好好去弥补这件事情,好吗?"

爸爸的话让任凯文得到了很大的安慰,父母这么理解他,反倒让他难为情。他停止哭泣,赶紧摊开作业本,认真地做起作业来。那晚,凯文写作业一直写到12点。这次经历让任凯文明白:自己的事,必须自己独立完成,别人不可能替自己承担后果。从那以后,任凯文写作业再也不拖拉了。

任凯文改正了写作业拖拉的毛病后,新的问题又来了。任忠明无意中发现,儿子经常一边做题,一边用MP3听音乐。有两次,妻子实在忍不住想上前批评任凯文,都被任忠明拉住了:"咱们先冷眼旁观一阵子,不要一出现问题,就急不可耐地去制止或帮他去解决。要让他学会自我管理。"

等待了一个多月,任忠明发现任凯文写作业时不再听MP3了。一天吃晚饭时,任忠明故意谈到音乐的话题,很自然地问:"这几天没看见你听MP3,是不是把MP3丢了?"任凯文摇摇头说:"不是。我做题时不听,睡觉前才听一会儿。做事情不能一心二用。就因为我喜欢边做题边听音乐,数学题才老是做错。"任忠明开心极了。以后,只要任凯文在学习和生活中出现类似问题,他都会采取"冷眼旁观"的方法,静待任凯文的自我调整。而这个方法,也屡试不爽。

不奖励不责罚,怎么考都没压力

小学五年级时,任凯文被评为"南京市十佳少先队员",奶奶特意买了一双耐克运动鞋奖励他。没想到,从那以后,任凯文只要考了好成绩,就会跟爸爸妈妈提要求,要奖励。

任忠明和妻子陷入深深的忧虑和苦恼中。如果孩子为了物质奖励去学习,他在学习上就会变得功利,势必会产生患得患失的心理。正当夫妻俩迷茫时,任凯文在一次考试中失利了。他沮丧地把试卷递给爸爸,低着头小声说:"爸爸,我不要旱冰鞋了。上次的奖励跟这次的惩罚抵消,行吗?"

任凯文的话让任忠明灵光一闪,他笑着摸摸儿子的头,说:"旱冰鞋照买,但这并不是奖品。咱家没有考好奖励、考坏惩罚的政策,考好考坏都是再正常不过的事,都要保持一种平常心。胜败乃兵家常事。你考得好,爸爸不会多夸赞你;你考坏了,爸爸也不会责罚你。所以,考出什么样的成绩,都要坦然面对。"感受到爸爸的用心,又没有了考试压力,之后不管大考小考,任凯文的精神状态都很放松。因为考试心态非常好,所以,他总能发挥出最佳水平。

不死读书,培养孩子的社交能力

任忠明的同事有一个优秀的儿子,名牌大学硕士毕业后进入一家外企工作,干了7年还是小职员。可是,比他晚进公司的一个本科生,仅仅用了4年的时间,就成了他的上司。同事唉声叹气:"都怪我,上学时只注重他的学习成绩，没培养他的社交能力，让他成了一个书呆子！"

　　这件事让任忠明感触良多。因此，他从任凯文小时候就有意识地培养他的社交能力。

　　任凯文上小学一年级时，被老师任命为代理班长。由于年龄还小，他不知道该怎么做班长。不久，任凯文的奶奶过60岁大寿。寿宴开始前，任忠明和儿子商量："你来主持奶奶的寿宴，好吗？"任凯文有些胆怯，摇摇头说："爸爸，我不敢。这么多人，我害怕。"任忠明拍拍任凯文的肩膀鼓励他："别怕，你行的！爸爸就在你身后！"宴席开始，凯文拿着话筒站在了席前。爸爸的微笑让他鼓足了勇气。他大声地说："今天是我奶奶的生日，感谢各位叔叔阿姨哥哥姐姐来祝贺。大家不要客气，尽情吃好喝好，谢谢！"任凯文的开场白赢得热烈的掌声，大家纷纷夸他讲得好，这让他初次尝到了被赞许的成就感。

　　通过爸爸的训练，任凯文的自信心大增。在班级的活动中，他不仅踊跃出谋划策，还乐于为同学们服务，特别有集体荣誉感和责任心。慢慢地，任凯文在同学们中间树立了很高的威信。在一学期后的班干部选举中，他以全票被推选为班长。

　　随着年龄的增长，任忠明经常让任凯文组织家庭假日游，让他全权负责具体的日程安排，让凯文在不知不觉中锻炼出很强的组织能力。任凯文上初中时，曾4次成功组织了学校运动会和歌咏比赛。高中时，他还组织了学习班，很多同学慕名前来，和他成了很好的朋友。

　　就这样，任忠明用"三不"政策，一步步把任凯文培养成了高考状元。他的用心，让我们不禁感叹：孩子是一块璞玉，家长是雕刻师，只有技艺精湛的雕刻师，才能雕刻出精美绝伦的艺术品。

经济人生，学会选择

文 | 李稻葵

我想通过三个故事，来讲三个经济学的基本道理，也许对年轻的朋友们会有所帮助。

第一个故事，它的主题词叫"消灭选择"。

我出生在北京，可是幼儿园还没有毕业，我就被送到了农村。上小学的第一天，令我印象非常深刻。课间，同学们把我叫到了操场。我以为同学们要欢迎我，便傻呵呵地过去，刚站到中间，还没站稳呢，有一位同学悄悄地跑到我的身后，把我的裤子扒了下来，大家都看着我。这对于我而言，简直是奇耻大辱！怎么办？找班主任。

我跟班主任告状，班主任用方言哇啦哇啦讲了半天，我没太听懂，大概的意思是说："你小子真笨，连自个儿的裤子都保不住，你还有脸来找我，你靠自己吧！"当时我心里非常明白，假如我告诉我父母的话，我父母一点儿也不会心疼我，他们一定会教育我，说："肯定是你犯错误了，农民的孩子都很淳朴，怎么会欺负你呢？你要自我检讨。"

所以我觉得我没有选择，怎么办？必须靠自己。怎么靠自己？首先，我找到我母亲，对她说："我那条裤子不能用松紧带，你必须给我一根绳子,把我的裤子扎起来,我要把裤腰扎得紧紧的。"其次,我要跑,我打不赢所以要先学会跑。我们那所学校离食堂很远,大概有两公里的路,每天放学我是第一个从教室里跑出来的,因为害怕别人打我。再次,我得学,我得观察其他孩子是怎么打架的,学习他们的打法。

最后,机会来了。一次轮到我值日时,那几位同学逮住我,要打我一顿,我知道这次跑不掉了。我跑了一个月的步,身体也开始健壮了。有四五个人要打我,我先跟他们转悠,在课桌之间跑。我先跑,等他们跑累了,我逮着一个机会,朝着一位欺负我的同学撞过去了。他没防备,没想到我还会反击,头撞到了课桌上,当时就流血了。我知道我闯祸了。第二天,我母亲买了饼干,带着我到这位同学家去赔礼道歉。我印象非常深刻,那是我第一次尝到胜利的甜头,我知道,从此以后再也不会有人敢随便欺负我了。

这件事情告诉了我什么呢?在没有选择的情况下,人的能量才能够被激发出来,人才能够真正地自救。

所以,这是我跟大家分享的第一个道理——你们要做的,是尽快地找到自己未来发展的大方向,在这个大方向上消灭选择。在明确大方向、没有选择的情况下,你会突然发现,你的能量比你想象的大得多,你能干成很多自己以前认为干不成的事情。

第二个故事是关于投资的故事。1992年,我博士毕业后要找工作,面试的第一所学校是纽约大学。纽约大学金融系的领导当时决定要给我工作。一个星期以后,密歇根大学经济系的工作人员也给我打电话,说要请我去经济系工作。

于是,我面临着一个选择,纽约大学金融系就在华尔街隔壁,金融研究水平非常高，工资是密歇根大学的工资的两倍。怎么办？纽约大学金融系的系主任碰巧是我读博士期间的一位同学的父亲，所以跟我讲话很直接："我给你付的工资是别的大学经济系的两倍，你来我这里，专门研究金融问题。我才不想用高工资来补贴别人的经济学研究。甭搞你的中国经济研究！"

这句话在我脑子里反复回响。我当年读大学时之所以选择经济学，到后来出国，是因为我关心的是中国问题，想的是中国的事情。如果我去了纽约大学，只让我研究金融问题，跟中国直接不搭界，我的未来会是怎样的呢？我会高兴吗？想到这儿，我决定去密歇根大学经济系。为什么？用经济学的道理来讲，我想的是未来，想的是我所谓的"人力资本"。什么叫人力资本？就是你在未来获得幸福、获得快乐的能力。

从某种意义上讲，我们每一位同学，你们不用买股票，不用买房子，你们已经有了一只大股票，就是你自己！你的导师、你的老师、你的父母、你的同学都是你的持股者，只不过你是大股东。所以你的主要任务应该是如何做好你的主营业务，如何让自己的未来更加快乐。而你的未来取决于你今天的决策，取决于你今天的努力。

第三个故事，不是关于我个人的故事，而是一个和我非常要好的朋友的故事。这位同学在20世纪80年代就出国了，去波士顿上大学。他早先就想清楚了，他要搞金融。他本身是学外语的，他的学校并不是所谓的名校，他怎么才能进入金融圈子呢？

每个周末，他都坐公共汽车进城去波士顿。而美国的公共汽车，一个小时一班，他需要背着干粮一走走一天。他去哪儿呢？他去波士顿的金融街，那里面有很多基金公司的办公室，还有很多投资银行的分部的办公室。去干吗呢？在大厅里看着那个门板，记下这些公司负责人的名字和部门名称。然后找到这些公司总部的总机号码，打电话过去："我要跟史密斯先生谈一谈，我是某某部门的……"总机的接线员一听，这个小伙子还挺靠谱，可能是一个业务伙伴，放进去吧。于是，我的这位同学就通过这种方式，跟华尔街在波士顿的分公司接上了头。

他很快就去这家公司做实习生了，又过了五六年，经过他自己的不懈努力，最后成了全球三大投资银行之一的那家银行亚太部的总管，现在已经自己创业了，创办了私募股权基金。这个故事的关键词是什么呢？关键词叫"圈子"。

那么这在经济学上是一个什么道理呢？在经济学上我们讲外部性、外溢性。那就是每一个能干的人、每一家大公司，都会给周边的人带来正向的帮助。哪怕基础差一点也无所谓，只要进入这个圈子，你就会不断地往上走。经过努力，你成功了。往往我们年轻人会有一种情结："经过奋斗，我成功了，为什么这个圈子里还有其他人跟我竞争啊？"这就是"瑜亮情结"——既生瑜，何生亮？我们不应该这么想，因为人才的成长都是集团性的。

最后，我想告诉大家：不要犹豫，要尽早认准大方向，消灭选择，义无反顾，考虑长远，认定自己，然后想方设法找到你要奋斗的那个圈子。因为进入那个圈子之后，你会不断地往上走。

"笨孩子"郭靖的成功之道

文 | 王开东

郭靖是我喜欢的一个武侠形象,这个"笨孩子"的成才之路充满许多教育学的元素。

自幼在大漠长大的郭靖,因为没有父亲的陪伴和影响,自幼阳刚之气不足,好在郭妈妈对他的家庭教育不错,对郭靖的德育做得比较好,这为他后天的学习奠定了基础。

智商不高,就努力用情商弥补,郭靖身上的刻苦勤奋和坚韧不拔就是证明。我越来越认为,德育是人成长过程中的第一生产力。

郭靖的小学老师是"江南七怪"。这几位老师脾气古怪,因为要和丘处机比赛,这一考试压力使得他们焦躁不安。他们虽明知"既学众家,不如专精一艺"的道理,但都不肯空有一身武功却眼睁睁地袖手旁观,非要把自己的武功传给这个傻徒弟。于是完全不顾教育的生成规律,也不根据郭靖自身的特点,锅碗瓢盆一起上。这完全是应试教育下的拔苗助长。

一天清晨,韩小莹教了郭靖"越女剑法"中的两招,那招"枝击白猿"要跃身半空连挽两个"平花",然后回剑下击。郭靖的下盘功夫厉害,但纵跃不够轻灵,在半空中只挽到一个半"平花"便落下地来。他接连试了七八次,始终差了半个"平花"。韩小莹心头火起,极力克制住脾气,教他如何足尖使力,如何腰腿用劲,哪知他纵跃够高了,却忘了剑挽"平花",一连几次都是如此。这日下午,韩宝驹教他"金龙鞭法",这软兵器非比别样,若巧劲不到,不但伤不到别人,反而会损了自己。蓦然间郭靖一个劲力用错,软鞭反过来唰啦一声把自己的脑袋砸出一个大疙瘩……练"金龙鞭法"时郭靖吃的苦头可多了,他的额头、手臂、大腿上到处都是乌青。

这样一来,郭靖常常是学了十招,却连一招也掌握不了。于是,"江南七怪"当着郭靖的面摇头叹气、责骂、怒吼,还用即将到来的比赛刺激郭靖。这些教育手段严重挫伤了郭靖的自信心。郭靖咬紧牙关,拼命地苦练,却越来越差。他说:"我为什么这么笨?为什么这么让师父生气?"严重的挫败感导致郭靖的自我评价越来越低。

郭靖的小学教育对应着农业文明,农业文明的教育方式是灌输,着眼点在于知识。采用题海战术的目的,在于强化知识的熟练性,这种教育唯一的指向性是应试。特别像这种考试,还仅仅是为了证明老师的本领。这就注定了这种教育的失败。

郭靖的初中老师是马钰,马道长的教育方法比"江南七怪"的教育方法高明多了。他能够因材施教,对笨拙的郭靖坚决不讲解复杂的内功原理,而是把全真教的"内功心法"都化解到如何呼吸、如何睡觉、如何走路的日常生活之中。郭靖对这种寓教于乐的方式兴味盎然,而且马道长也说了,习武是为了强身健体,因而全无月考、期中考、期末考等应试负担。郭靖在全身心投入之后,内功竟然突飞猛进。这种成功的体验加强了郭靖的自我肯定,这就是教育的正效应。郭靖对练武的兴趣也越来越浓厚。

马钰的教育相当于工业革命时期的教育,这个时期的教育以启发式为主,注重能力的培养。启发式教育有效地解决了高分低能的问题,也拯救了很多像郭靖一样的"笨孩子"。

郭靖高中阶段的老师是全国著名特级教师洪七公,他是当时教育领域的"四大天王"之一。郭靖因为有女友黄蓉的关系,有幸做了洪七公的学生,这是他的造化。想想看,著名特级教师欧阳锋不收外徒,一门心思搞家教,只教欧阳克。而另一位特级教师黄药师闲散惯了,又对现行教育体制极其不满,早就退隐到桃花岛上去了,对唯一的女儿黄蓉也完全是放养,任其自由发展。一灯大师始为帝王,哪有心思搞教学,后来干脆做了和尚。"四大天王"去其三,能够执教郭靖的只有洪七公了。洪老先生是平民化教育的典型,其缺点是喜欢吃吃喝喝,黄蓉正是利用他的这个缺点擒住了他。洪七公深知"巧娘必有拙女"的道理,一开始就对郭靖因材施教,当然也考虑到自己的懒惰,为郭靖单独开课,教学内容是"降龙十八掌"。"降龙十八掌"简单易记、易学难精,正好适合下笨功夫的傻小子郭靖。而且对于洪七公自己来说,也不需要三天两头地布置作业,搞"血汗教育"。"降龙十八掌"好像是专门为郭靖量身打造的。

洪七公教郭靖第一招:"亢龙有悔"。郭靖拉开架势,挑了一棵特别细小的松树,学着洪七公的姿势,对准树干"呼"地给了一掌。只见那棵松树晃了几下,竟然没断。洪七公骂道:"傻小子,你摇松树干什么?捉松鼠吗?捡松果吗?"郭靖被他骂得满脸通红,讪讪地笑着。他接着练了半天,有点领会,欣然道:"那要着劲奇快,使对方来不及抵挡。"洪七公白眼道:"可不是吗?这还用说?你满头大汗地练了这么久,原来连这点粗浅的道理才刚想通,可真是笨到了姥姥家……"郭靖茫然不解,只是将他的话牢牢记在心里,以备日后慢慢思索。他学武的法门向来便是"人家练一朝,我就练十天"。他专心致志地练习掌法,练到手掌边缘已红肿得十分厉害也毫不松懈。

郭靖招招重复、千锤百炼、稳扎稳打，终于练成绝世神功，最后在华山论剑的"高考"中一战成名。

高中阶段的郭靖，得到老师的宽容，被允许早恋——男女搭配，干活不累，更何况冰雪聪明的黄蓉还常常给郭靖吃小灶！郭靖的天性得到了充分的尊重，他终于开窍了，走上了武林盟主的道路。郭靖高中期间受到的教育，相当于信息时代的教育，以探究式的自主学习为主。郭靖正是在一次次的自我琢磨中，悟出了"降龙十八掌"的真谛。

到了大学阶段，郭靖更是触类旁通，周伯通大哥逼着他背会了《九阴真经》，一灯大师讲解了"一阳指"，华山论剑时他去观摩练习，郭靖终于一飞冲天，成为江湖上冉冉升起的新星，并最终成为一代宗师。

每每想起"笨孩子"郭靖的成功之道，我就激动不已。倘若我们能够因材施教，倘若我们对每一名学生都能用尽这一番苦心，倘若我们的学生都能像郭靖一样永不言弃，那么，还有什么教育不能成功呢？

不要在该拼搏的年纪谈淡泊

文 | 国馆

本来，贾宝玉也是个蛮让人羡慕的少年。

不爱读书，他可以大闹学堂；家里女孩子多，他可以纵情谈恋爱。混世魔王、多情公子，用在一个十几岁的叛逆青年身上，也是戏谑大于贬义。

可是问题就在于：贾宝玉在贪玩之余，还要谈修行。

他喜欢看《庄子》是出了名的，为此还写过一首偈语和一首词，其中就有"无可云证，是立足境""从前碌碌却因何，到如今回头试想真无趣"等句。真是彻悟。

在该负起家庭责任的时候，贾宝玉却跑去出家，丢下了生他、养他、等着他维持的大家庭。

贾宝玉，乃至整部《红楼梦》的悲剧，也许都在这里。

修行不是十五六岁的孩子的事。在这个年龄，"打开方式"的错误，只能导致人生的悲剧。

今时今日，我们通过朋友圈"懂得"了很多人生真理。

明明还没有看过世界，我们就已经懂得"人生最曼妙的风景，是内心的淡定与从容"。

还没有享受过骏马轻裘的生活，就已经在追求"采菊东篱下，悠然见南山"的隐逸。

明明没有多少朋友，还在死撑着说"孤独是我人生的底色"。

……

在该奋斗的年纪谈淡泊，在该呼朋唤友的时候谈孤独，在该挣钱的时候鼓吹精神至上，相当于在该喝药的时候还在喝鸡汤，只会虚不受补。

很多人谈修行，只是在麻醉自己，为因懒惰而逃避世界找个理由。

《红楼梦》的人物中，有一个很好的表率。

这个人就是贾宝玉的老爹——贾政。

一个凡俗之人，很多人不喜欢他。在小说的七十八回里，作者透露了贾政起初也是个"诗酒放诞之人"。也就是说，在贾宝玉的年纪，贾政没准儿比他的儿子还疯。但他是个头脑清醒的人。在贾家子侄普遍如此放浪的时候，他"少不得归以正路"，受了主事之衔，更是一路升为员外郎。贾家之败，本就无可阻挡，但他至少延迟了这个悲剧的到来。

他打宝玉，有错吗？读者虽然觉得心疼，但不能说打得不对。该教儿子的时候不教，结果会怎样？贾宝玉很可能会变成贾环，或更加不堪。

游览大观园，见到农家样式的稻香村，贾政不禁说"未免勾引起我归农之意"。他也有淡泊归隐之心，可是对家庭的责任未完，宝玉还不能挑大梁，他也不能随便撂挑子。

不着边际的话，谁都可以说。但勇于承担起当下的生活的人，才是真正勇敢面对生活的人。

收起你在"鸡汤"里学过的人生真谛，在该谈恋爱的年纪谈一场轰轰烈烈的恋爱，在该奋斗的年纪拼个昏天黑地，在该歇息的时候休养，方才不负美好的韶光。

美国小学生这样参观艺术博物馆

文 | 常青

我在美国得克萨斯州达拉斯亚洲艺术博物馆工作。一日,博物馆教育部门的人员告诉我,有一批小学生要来参观,问我有没有兴趣去看看。我就欣然前往了。

70多名小学生在老师的带领下,乘着校车来到博物馆。由于馆内空间有限,工作人员把他们分为3组,每组25人,由3名讲解员分别带领,参观不同的展厅。学生们的老师也跟随着。

我跟随着一组孩子,在一幅日本屏风画前停下。这是一幅日本江户时代的大型屏风画,画面表现的是日本镰仓幕府的建立者源赖朝将军指挥的一场战役:源平会战。源赖朝正是通过这场会战,打败了代表贵族阶层的实权派平清盛,控制了整个日本。随后,日本进入了镰仓幕府时代,日本天皇从此成为傀儡,幕府成为实际的权力机构。

源平会战在日本可谓家喻户晓,但这场战争对于美国的小朋友来说显然是太陌生了。如果直接给他们讲这个故事,估计不会有几个人愿意听,听完了也不见得能记住。

为了使小朋友们对这件日本艺术品留下深刻的印象，并启发他们思考，讲解员没有马上讲解作品，而是让大家踊跃举手发言，讲讲自己看到了什么。

于是，孩子们七嘴八舌地说起来了。有的说"我看到了几个人在打仗"，有的说"有的人在逃跑"，有的说"好像有一个人是指挥官，他坐在那里指挥"，有的说"我看到了画中画了许多人，每个人都很小，像是从天上在看他们"，有的说"有的人骑马，有的人没有骑马，他们的身份可能不一样"……

孩子们讲完后，讲解员问孩子们的第二个问题是："看到这幅画，你们想到了什么？"

孩子们有的说"我想到了战争以及他们为什么互相打起来"，有的说"我在想他们为什么要选择在这个地方打仗，这里有山有水"，有的说"我在想是谁画了这幅画"，有的说"我在想画家是为谁画的画，是谁出的钱"，有的说"我想知道这幅画是什么时候画的"，有的说"我想知道这幅画是在哪里画的"，有的说"我在想这幅画能值多少钱"……

我在一旁听着，惊讶于这些小家伙提出的问题如此丰富。因为如果能准确地回答这些问题，不就可以写一篇非常好的、用艺术史的方法讨论这幅画的学术论文了吗？这些问题看似简单，其实正好启发和提升了孩子们的艺术修养与审美能力。更重要的是，讲解员对孩子们观察与想象得出的答案，从不随意批评，或者一定要孩子按照某种固定的答案去理解这幅作品，因为艺术鉴赏本身具有很强的主观性。

这也是美国教育的一个特点，对许多问题，不会给出明确的对或错的答案，老师最重要的职责是启发学生们的思维。例如：老师画了一弯月亮，问孩子们是什么,如果有孩子回答是香蕉,老师不仅不会给他打零分,反而会是满分,虽然老师准备的答案是月亮。

接下来,讲解员把孩子们分成几个小组,每组三四个人,再发给每个孩子一张小纸片,让他们把画中最能吸引自己的东西画下来,然后轮流向自己的小组成员介绍,自己画的是什么。

我见到小学生们有的画了一把日本刀,有的画了一匹马,有的画了一朵花,有的仅画了武士身上的一个小纹饰……这种练习不仅锻炼了孩子们捕捉美的思维和能力,还让孩子们学会以团队合作的方式进行集体研究。

等到上述的事情做完,孩子们对这幅画的好奇心已十分高涨了,都很想知道这到底是一幅什么样的作品。这时,讲解员才给大家介绍这件作品。她讲的内容不多,就几句话,却赢得了孩子们的一片赞叹声,因为他们等待已久的答案终于出来了。运用这样的方法,孩子们的印象能不深刻吗?!

孩子们参观博物馆的时间共40分钟,讲解员只讲解了两件作品。除了上述的日本屏风画外,还用同样的方法讲解了一件古印度的建筑装饰品。讲解完之后,就让大家自由参观。

我想,讲解员如果在那40分钟不用启发的方式,而是用灌输的方式一项一项地告诉孩子们那些艺术品都表达了什么,效果一定有天壤之别。

读了那么多书，
你有独立思考能力了吗

文 | 特立独行的猫

今天看到微信朋友圈里有人发出了上海某所外国语小学的家长面试题，是三道开放性问题。

乍一看我还有点蒙，不知道学校想要怎样的答案。思考完这个问题之后我为自己感到悲哀：读了那么多书、上了那么多年学，自己依然无法独立思考，还总想着出题方想要什么样的答案，而完全不思考自己该怎么回答。

身为一个家长，虽然孩子还小，但我也挺关心教育。

我加入了一些教育群，有聊课外班的，有说学校的，等等。可以看得出，受够了应试教育的年轻父母，都在诟病应试教育的同时，把眼光投向西方，在羡慕西方孩子琴棋书画样样精通的同时，对自己孩子的教育极端重视。

从3岁开始就把孩子送到各种培训班连玩带学，动辄一年几万的学费不在话下，目标都是让孩子将来出国留学。但西方教育非常重视一项能力的培养，那就是独立思考的能力。比如从小就要读很多书，学会使用图书馆和网络，并对老师留的开放性问题提出自己的想法。在这一点上我们输得很惨，并且总也补不起来。

这个问题不是家长不愿意培养孩子，而是家长就没有这种能力。

我们中的大部分人从高中或者大学开始，每当遇到有开放性问题的考试，比如开卷考试或者论文考试，就恨不得打开百度来抄，拿出书来抄，想一想，我们有过独立地去思考一下，按照自己的理解作答的尝试吗？绝大多数时候是没有的。我们自己都做不到独立思考，又拿什么培养孩子呢？

如今特别流行的，就是每个人都在秀自己一年读多少本书，仿佛一年读不了100本书，人生就很失败。但是有多少人愿意去读一本自己完全看不懂或者跟自己熟悉的领域完全不相关的书呢？有多少人真正思考过书里的每一个字、每一个道理究竟该怎样运用到生活和工作中呢？你是否会将相似内容的书横向纵向比较，融会贯通，形成自己的思想呢？大部分人都是匆匆地读书，很少停下来思考。这些人读了好多书，读完就忘了，更别说提高思考能力了。

那么读完一本书该如何思考呢？

其实写书评就是一个很好的方式。每当有人问我读过的书如何能记住的时候，我通常会建议他去写书评，也经常推荐书评群向朋友圈里的人约稿。大多数时候，想免费得到书而写书评的人很多，但写出优质书评的人很少，不是写得跟书完全没关系，就是把目录或名言警句抄了一遍。其实他们不是不会思考，而是懒得思考，觉得记住几句名言就得了呗，还自己费劲想啥？是不是？

我在刚刚毕业的时候每天都特别忙，周围的人都觉得我一定有很大的进步，但是我总觉得自己每天都在疲于奔命地往前跑，经常在晚上停下来的时候，想不起来我到底干了些什么。那个时候，有个老师跟我讲了"停下来思考，是为了更好地奔跑"的道理。

我开始尝试这样做，每当焦头烂额的时候，我都会停下来仔细想一下：这段时间到底发生了什么事情？大家的做法自己是否认可？如果我独立处理这件事，我会怎么做？是否跟领导的方法一样？我和别人的差距在哪里？哪些地方我没想到？不断总结不断归纳，就像上学时要有个错题本总结错题一样，这样思考总能有平时意想不到的收获。

大多数时候，我们总觉得自己特别努力、特别辛苦、特别累，但是我们的效率似乎并不高。其实主要是因为我们缺乏思考。

我们疲于奔命地读了很多书，上了很多课，听了很多演讲，上了很多网络课程，但从来不总结，也从来不做任何回顾。然后呢？我们记住了什么？

独立思考的能力，并不是说一定要将自己的某种言论或思想表达出来，而是一个让自己的大脑总结归纳以及串联与并联的过程。其实就像小时候上学一样，做了100本练习题，不如把一本书里做错的题目巩固好、分析好。单单拼命地往前跑谁不会呢？但思考会让你明白，下一步你应该往哪个方向奔跑。

回到前面有关小朋友的思考能力的话题上。

有一天，我在我家楼下的阅读馆里见到了一个小女孩。当时阅读馆里正在举办一场恐龙主题的分享活动。博物馆的一位老师在给20多个小朋友和家长分享有关恐龙的知识，然后进行提问。

当老师提到第三个问题的时候，叫起了一个小女孩。小女孩的声音非常洪亮，说话特别快，一听就是脑子转得特别快的那种孩子。她回答完老师的问题，老师示意她坐下的时候，她完全没有停下来的意思，还在不停地讲，说这种恐龙跟她知道的哪种特别像，都生活在什么时代，特点是什么，为什么会灭绝，以及她在哪里的博物馆或书里见到过其他相关资料，她想到的一些问题是什么……老师不断地打断她，让她坐下，但她一直噼里啪啦地说，全场的家长都在大笑，但是小女孩依然旁若无人地在讲自己所了解的一切。

我非常震惊，我从来没见过一个七八岁的小孩能把所读资料如此融会贯通。

当她终于说完话坐下的时候，那位老师也震惊了，他问在场的家长这个孩子是谁家的，并且示意，下课之后请家长一定带孩子来找他，他要收这个小孩当学生。

那是我第一次见到，比琴棋书画更亮眼的思考能力，竟然是如此光芒四射。

坦然面对自己的失败有多难

文 | 海豚同学

一个人坦然面对自己的失败有多难？

前一段时间，我参加了一次交换生语言考试。刚开始的动机也无非是可以去台湾吃喝玩乐半年，报名后开始犹豫，但最后还是抱着"不报名尝试一下还是我吗"的心态，认认真真准备了考试。的确是认认真真准备的，大约两个星期，好久没碰英语的我也在"刷题"和背单词中，体会了一把酣畅淋漓的感觉。

考试也考得很开心，医学院地下有点潮湿的阶梯教室，磕磕绊绊的 Reading Article……最终，自己的成绩似乎变成了一个榫头，两周的努力像是把它推向考核的卯，合不合得上那是另外一回事。

但其实心里是有底儿的。你看，我 GPA 和综合测评都挺高，只要英语考得不是太难看，总还是能过的吧？

所谓的尽力不是全为了过程，在这里看起来似乎不太纯。但是，似乎现在的我们很难不问结果的。

结果是——落选了，而且恰恰是英语考得极为丢脸。

打电话给我爹，在嘴边的"如果去台湾的话以后又要补好多课，我不想延迟毕业呀"这样的话被我咽了下去。我告诉他："对，我落选了，是因为英语考得很差。我之前认真准备过，考试也没有紧张，没有发挥失常，也没有因为不想去而特意考砸，是考得很差。"把所有他安慰我的可能性都给堵了回去。

想起高中考试，狭小的校园里早读下课的道路上，问候的内容似乎就是考试的成绩。"吐槽"考题和为了证实自己因为感冒头脑一片空白而特意装出咳嗽的声音充斥在周围。班主任帮你找心态上的原因，你明明知道这次考试没有紧张，没有休息不好，却做出夜夜奋战到凌晨睡眠不足的样子。

我们被高高捧起，所以很害怕摔下来。

一次模拟考试，成绩挺好的一个姑娘发挥失常，跟我们聚在一块儿时"吐槽"了考题的不严谨，转头便开始写考试总结。

下晚自习的路上，听到她和她爹聊天，哪有什么发挥失常、题目不严谨，那一章节本来学得就不好罢了。那个时候我就知道了，原来对自己的失败，不仅仅要自我安慰，还要坦然面对。

当然，后来我发现，"坦然"比"面对"似乎更难做到。

小时候考试没考好被妈妈教训，逼着我找主观原因。因为年龄太小，似乎不懂主观和客观的意思，只记得当我说谁谁谁也考得不好时，妈妈的脸色便沉了下去。

拉着别人和你一起下水，似乎也可以减少一点自己的负罪感。慢慢长大后，为了自己不摔下来而极力给自己找安慰，到现在，大概终于可以审视自己，好好和自己对话了吧。

不是接受了自己的平庸，把自己内心一直坚持的独特推到一边，而是真正看到比你优秀的人就在那里呀。

做得不好的和想做的还有太多，所以还有更多的空间去呼吸、去长大啊！

老天更爱笨小孩

文 | 〔日〕中村修二
译 | 安　素

在我小时候，似乎就有人说过我是笨小孩。看看邻居给我家照的合影，不知是什么原因，就我一个人没看镜头，脸上一副茫然的表情，傻傻地站着。我大概是忘了自己，也忘了拍照片的人吧，不知是什么缘故，我总是一个人呆呆的，不知道在想什么。也许在周围的人看来，我就是一个奇怪的小孩。

不过，小时候才华横溢的小孩，长大以后却不一定能同样才华飞扬。那些小时候被夸聪明的小孩，反应敏捷、接受能力强、成绩好，长大以后却往往难成大器。

那些高高兴兴地去上辅导班，在回家的电车或巴士里得意扬扬地谈论算术得了几分、语文和社会得了几分、进某某私立大学没问题的小孩，是不会有什么出息的。

看到那些少年老成、讲话成熟的孩子，人们会莫名其妙地觉得"这个孩子了不起，长大以后会有出息"，所以，去上辅导班的都是一些顶着与身材不成比例的大脑袋的孩子。但是，这些孩子是不会有什么成就的。他们对创造性的、独一无二的工作没有任何悟性，最多只能成为不会灵活应用的"手册""指南"。

在孩童时代，特别是男孩子，还是呆一点比较好。看起来有些迟钝、总在思考问题的孩子，最后才能成功。

孩童时代，我就是这样一个喜欢在海边发呆的孩子，我喜欢一个人独自思考，不管是花上一小时还是两小时。直到现在我还保持着这种习惯。

我不服输的性格大概从小就养成了。我是四兄妹中的老三，我上面有大姐、大我两岁的哥哥，下面有一个弟弟。我们三个男孩从生下来就很活泼，我从小就吵吵闹闹。吃的东西什么的，一分钟不到就会被抢光，我就是在这样的环境中长大的。在吵吵闹闹中，我从小就学会了竞争。

正因为如此，我才养成了不服输的性格。跟哥哥和弟弟在一起，要是抢不赢，就吃不到好东西，不能做自己想做的事情。所以，不服输的观念已经深入我的骨髓了。在碰到困难的时候，这种性格就成为一大助力。就算对有些领域并不熟悉，不管别人怎么嘲笑我，我也会发狠劲儿坚持到底。

还有，可能是生来如此吧，我对一件事情能保持长久的热情。我看起来并不聪明，活得也不太聪明，而且是笨拙地坚持到了今天。不过正因为我能够笨拙地对事情坚持到底，所以，我才有了觉得自己无所不能的自信。一开始我毫无收获，但我一直坚信总有一天我会出人头地，这种自信成为我成功的原点。

我能保持正面积极的态度，可能是因为我不服输的性格。当别人质疑"能行吗"的时候，回答"不行"或"似乎没希望"，就是承认自己的失败。对这一点我是无法忍受的。因此，就算没有任何根据，我也会回答"能行"。如果没有这样的好胜心，我想今天我也是不可能成功的。

实际上，我在研究生毕业后找工作被面试官问到"你想干什么"时，我的回答总是："我什么都能干。"如果我现在给出这样的回答，我应该马上就会出局。不过，当时我确实是这样想的。研究生毕业时，我确实认为自己无所不能，所以才会这样回答。

我并没有什么根据，只是自信心很强。不管是营销还是其他工作，我都觉得自己能够胜任。当然，我不是说自己一开始就什么都会。可能一开始我的起点不高，但做着做着水平总会提高。

我从小到大好胜心一直很强，另外对任何事情都喜欢追根究底。不管做什么事，我都有埋头苦干最终一定能取得成功的自信。

我从一流的高中进了一流的大学，又进了一流的公司，众人羡慕，研究经费可以随便花，也一定能取得世界一流的成果。如果一路都一帆风顺，就难以拥有坚强的意志力，就算只有1%的成功的可能性，我也要去挑战。要将劣势转化为优势，不怕失败的坚强的意志力是必需的。

在某种意义上，这也许会被看作是一种任性，或者会被认为是不谙世事、没有常识的莽撞行为。但是，只要有1%的可能性，就要赌上全部的力量，没有这样的气概，就不可能进行世界性的研究，无法取得让全世界震惊的成就。在常识范围内考虑事物，最后能得到的也只有常识。

超越常识的范围才会有大机遇，就算周围的人认为可能性很小，也要勇敢地去赌一赌。因为周围的人都活在常识范围之内，不管常识的延长线有多长，它也只是常识。常识之中，既没有大的机遇，也没有好的生意。

我所得到的大机遇也来自常识之外。正因为把赌注下在了常识之外，我才能完成蓝色发光二极管和紫色激光的发明，站到了世界顶峰。

就这样，因为我的不服输，我获得了1996年授予优秀物理学研究者的"仁科纪念奖"、1997年颁给工学领域研究成果的"大河内纪念奖"。被嘲笑为"山里猴子"、被当成傻瓜的我，终于迎来了在日本被认可的瞬间。接下来，2014年，我和名城大学的赤崎勇教授等人共同获得了诺贝尔物理学奖。

并非一切都是比赛

文 | 杨澜　朱冰

对于一个年纪轻轻就蜚声世界的钢琴家来说，郎朗经历过太多的比赛了。争夺第一名，一度是他和一直陪伴他的父亲最看重的事情。在郎朗的自传中，他回顾了自己从艺之路的辛酸，也回想起当年对第一名近乎疯狂的渴望。

9岁的时候，爸爸带着郎朗到北京学习音乐，但一切并不是那么顺利。最初，郎朗在音乐学院一位教授的指导下练钢琴，但无论自己如何努力，那位教授总是说"少了些什么"。但到底少了什么，那位教授没有说过。

有一次，父亲和郎朗骑着自行车，冒着北京的沙尘暴和大雨去练琴。沙尘暴之后的雨水，把父子两人弄得泥浆满身。到了教授的琴房，郎朗父亲说："教授，我们把身上弄干了，郎朗就可以开始给您弹琴了。"但是那位教授说："没这个必要了，我已决定不再教你儿子了。"尽管父亲据理力争，但教授认为郎朗不但不是天才，而且也不可能考入音乐学院。这次遭遇，给父子两人很沉重的打击。

在被这位教授拒绝的第二天早上，父亲提前一个小时叫醒了郎朗。父亲说："我想让你每天上学前多练一小时的琴，每天放学后再多练一小时。你三点回家后,一直要练到六点,而不是五点。"父亲又强调:"你必须练到每个人都能看到,没有人有理由拒绝你。你是第一名,永远会是第一名。"

到了第二年秋天,郎朗跟着新老师赵教授学琴,为考试做准备。他们听说,那一年有3000人报考音乐学院,比往年的人数都要多,但是音乐学院只录取14人。郎朗心中有个强烈的愿望,想要成为14人中的第一名。而父亲对此的心情似乎比他的还要迫切。父亲甚至偷偷去听那些名家的音乐演出,然后回来现学现卖地教他。父亲对他说:"单跟着赵教授学还不够。赵教授只是很多老师中的一位,他的方法很好,但是如果我们把其他名家的方法也学来了,运用到你的比赛中去,那你就会成为第一名。"

郎朗回忆说,当时堂弟逸峰听到他们这样的对话,总是要笑话一番:"你们爷儿俩可真够严肃的,就好像你当不成第一名,这整个世界就没法转了。"郎朗很严肃地回答他:"确实如此。"堂弟问道:"那要是你成不了第一名呢?""我必须是第一名。我会成为第一名的。"

说完这句话,他就转身去继续刻苦练琴了。

15岁时,郎朗去了美国的科斯蒂音乐学院学习。与国内紧张激烈的学习氛围不一样,这里的学生似乎每天都很轻松。当郎朗郑重地告诉一位同学,他来学习"古典音乐"时,同学用奇怪而戏谑的发音重复了他的话——这让郎朗顿时喜欢上了这种放松的氛围。他发现教室里的同学不但不聊比赛,甚至都很少聊"古典音乐""英语文学"这样的内容,课下他们聊得更多的是篮球、电影。但在国内生活了十几年,郎朗轻松不起来,他像很多刻苦的中国留学生一样,努力地投入学习,争取所有比赛拿到第一依然是他的执念。但是,初次和美国老师的问答,让郎朗的人生境界有了提高。

在我采访郎朗的时候，他回忆起当时的情景。当时他说："老师，我来美国啦。"老师就问他："你来美国想做什么？"郎朗底气十足地回答："我要在所有的比赛里，都拿到第一。"美国老师听了非常震惊，不是为他的雄心壮志，而是为他的价值观："你是个疯子，绝对是疯子！哪有学艺术是为了比赛得第一名而学的？那你是在学功利，而不是在学艺术。"

老师的这种反应，让从小习惯于在国内各种激烈竞争中厮杀的郎朗很不适应。他依然要求老师给自己报名参加各种比赛。他的老师说："没有节制的竞争只会制造紧张气氛，干扰音乐的精神，如果学生们把所有的精力都放在讨好评委上，那就没有更多的精力放在理解音乐上了。"

除了打击郎朗的"雄心壮志"，老师还耐心地指导他如何领会艺术的真谛："你来这儿，就应该好好学音乐理论，学新的作品，学习西方文学史，千万不要去招惹那些比赛。"

也许是看出了郎朗心有不甘，这位美国老师又跟郎朗说了一句成功的秘诀："如果有一天一个钢琴家生病了，正好缺人，你能替补上去，你就成功了。""这不是天方夜谭吗？"当时郎朗心里这么嘀咕。

没想到真的有这样的机会落到郎朗头上。1999 年 8 月 14 日，当时 17 岁的郎朗接到指挥大师埃森巴赫的紧急邀请，让他顶替因病退出的安德烈·瓦茨出席拉维尼亚音乐节世纪庆典明星音乐会。郎朗很幸运地和芝加哥交响乐团合作演奏了《柴可夫斯基第一钢琴协奏曲》，这次成功的演出让他一举成名，新的人生就此开启。

在这之后，郎朗才领会到当初钢琴导师加里·格拉夫曼大师教诲的深远意义。只有释放心灵，才能达到艺术的最高境界。

竞争必不可少，但不是所有事情都是比赛。对名次少看重一些，也许我们会得到意想不到的惊喜。

醒醒吧，男孩

文 | 薛涌

男孩问题，已经成为世界性的问题。从中国到美国，再到欧洲、日本，我们可以清晰地看出已经持续了几十年的趋势：从幼儿园一直到研究院，女性的学业表现普遍超过男性。美国的大学因为女性表现超出男性太多，导致男女不平衡，录取男生时竟要在分数上给予照顾。

难道男性智商低于女性？看考试成绩确实如此。不过，据说科学家们已经揭示出男性的脑容量大于女性，在生理上不应该有劣势。在我看来，人类社会根深蒂固的性别文化，是造成目前这种阴盛阳衰状况的根本原因。

比如，大家都觉得：男孩往往大大咧咧、马马虎虎、以自我为中心、不听话，女孩则认真细心、办事周到、善解人意，并且比较愿意听从长者的劝告。我并非说所有男孩或女孩都是如此，这只不过是大家脑子里的印象或者成见。问题就出在这个成见上。按说，马马虎虎总不如认真细心好。可惜，一旦和性别角色结合，马马虎虎反而有了正当性：男孩子嘛！家长们说起自己的儿子这样的毛病时，表面上是抱怨、担心，其实话里话外透着一丝骄傲。这就好像说儿子有男子气概一样。成人的这种态度，立刻渗透到孩子们身上。对一个男孩，你越说他马马虎虎，他往往就越马马虎虎，好像马马虎虎才酷。这还怎么指望他改正这样的缺点？其他方面，如以自我为中心、不听长者教训等，也如出一辙。总之，我们的文化为男孩塑造的性别角色，导致了他们的失败。

我的学生什么程度的都有，有的学起来快点，有的学起来慢点，不好一概而论，但是，男孩和女孩的区别大致还是看得出来的。我有两个学习比较差的女学生，学起来非常慢，开始时真不知道是基础差还是脑子笨。但是，这两个孩子居然坚韧地坚持了下来。我有时很凶地批评她们，但她们都无怨无悔，老师要求什么，就使出吃奶的力气跟上。几个月下来，我自己都不相信：她们的学业水平提高了一大截！她们开始看似很笨，但事实证明相当聪明，学得飞快！另外还有两三个学习比较好的女孩，英译中时不仅英文的每个词都落到实处，中文也相当考究；遇到不懂或拿不准的地方，不管是多么细小，总能有针对性地提问。特别是有个13岁的女孩，在文本和译文中另加注释，把自己的疑问都通过这些注释写清楚，便于老师回答。这么学，文章的起承转合、字里行间的微妙含义，自然都把握得十分精到。

男孩子则不同。其实我最好的学生还是个男孩，应该说是个神童，英文在全国比赛中拿过奖。但他有个大毛病：我如果给他一篇文章，让他就不懂的地方提问，他总说没有问题、全懂了。于是我让他逐字逐句翻译，一翻译就露相儿了，很多似是而非的地方让我抓住。我问他这是怎么回事，他自己也表示很无奈。差一点的学生就更让人头疼了。他们把英文翻译成中文时，估计那译文的许多地方他们自己都读不懂，但也都胡乱堆在那里。很多词汇和语法细节根本不做处理，好像没有出现一样，只求大意过得去。有个学生碰到一个长句没有搞懂，索性写了一句："这是什么乱七八糟的！"最后不翻译了。

还有个男生翻译一篇讲母象的文章。行文里突然出现了一个 cow。背单词出来的中国学生一看就知道这个单词的意思：母牛！其实大型哺乳动物的雌性都可以用这个词。这也是我不让学生背单词但必须在阅读中勤查字典的原因。女孩子们往往都查，这个问题就自己解决了。几个男孩子则想也不想就写上"母牛"。我终于忍不住和这个男孩摊牌了："文章一直在讲母象，怎么突然成母牛了？是孙悟空吗？这么不靠谱，为什么不自己查查字典？我渐渐看出你学习上的毛病：缺乏对细节的关注。这是很要命的毛病，如果不改的话，会一直拖累你。"

　　我这辈子见了这么多学生，周围朋友中聪明人也很多，都是名校的精英。这些人真就比别人聪明吗？仔细观察就知道：未必。但他们有个共同的特点：注意细节。别人觉得无所谓的细节，他们则往往当作很大的问题来对待。不管是欣赏莫奈也好，听贝多芬也好，品味高的人，细节辨析得清清楚楚。那些没有感觉的粗人，不过就是看个画、听个调子而已。非常不同的演奏家弹贝多芬的同一首奏鸣曲，他们都听不出区别来。对细节的关注，决定人的智能、感性的高低。这个习惯一定要注意，别觉得男孩子就可以马虎一点。

　　欣赏文学、艺术，我们都不希望做个目无细节、没有品味的人。其实在学术上何尝不是如此。所谓大师，往往是那些能在别人不以为然的细节上别开生面的人。然而，我们文化中的性别角色，则鼓励男孩子拿着低素质当高素质来炫耀。他们甚至会觉得细心的女孩琐碎、小心眼，没有高瞻远瞩干大事情的气魄。也难怪，眼高手低的现象在男孩子中最普遍。大大咧咧成了习惯，做人的风格问题就成为智商问题。学语言是特别明显的例子：细节不注意，文字中的微言大义就体会不出来，最终感觉和理解力都越来越迟钝，学了半天什么都学不会。

　　许多男孩子接受了成人在日常生活中不断的暗示，于是自己还一无所成，就想当然地认为女孩子读书虽好，但日后打天下的还是男孩。错矣！虽然社会上对女性的歧视还很严重，但在纽约、波士顿等现代化大都市，在未婚的年轻人中，女性收入已经超过男性。女性在职场上输给男性，是自己要回家结婚生子、退出竞争的时候，那些不要孩子的，照样能把男同事拼下去。日后这样的趋势，随着女性学业表现的不断上升和性别歧视的消减会愈演愈烈。

　　一个人什么事还没有干、在学校的功课上事事不如人，心里却藏着一股舍我其谁的豪迈，毫无道理地飘飘然——这样的人，能不失败吗？

　　醒醒吧，男孩！

假如我是一个"富二代"

文 | 冯唐

1

我要树立正确的财富观。

钱是资源,有钱就有资源,有资源就可以做很多好事,所以有钱真好。

如果我是"富二代",我会时常告诫自己,钱超过一定数目就不是用来个人消费的了。个人温饱问题能解决就好,多出的欲望需要靠修行来消灭,而无法靠多花钱来满足。

我会尊敬父辈。我从他们手上接过数额巨大的财富,说明他们很了不起,并不能说明我了不起。

我会不喜不悲,用好财富,多挣钱、持续挣钱,做好事、持续做好事,让世界变得更美好一点。

2

即使再忙,我都要抽出读书和游学的时间。没有学识,难守财富。如果只能追求一种名牌,我一定追求教育上的名牌:上最好的大学，读最经典的书。

我会苦练基本技能。比如，如何做好一个 1 小时的访谈，如何用 10 页 PPT 把问题说清楚，如何又快又好地写出一篇千字文，如何组织好一次上百人的会议。如果在教育之外，我能再追求一种名牌，我就追求工作上的名牌：去最知名的公司和机构工作，不问工资，不惜力气。我会尽可能在知名大公司、大机构工作 3 年到 5 年，学习最正规的做事方法。

进入家族企业之后，我会尽快负责一块小而完整的业务，学会理解一张损益表，带一支小而全的团队，掌控一个完整的局面。因为是"富二代"，练习从大处着眼的机会从小就有，练习从小处着手的机会需要自己争取。带好一支上百人的队伍是带好千军万马的基础。

3

我会寻找两三个一生的朋友。和他们在一起就能放松，做最真实的自己，见到也没什么特别的，但是见不到就会想念。

我会寻找两三个人生偶像，他们一生的轨迹让我有了具体的参照系：什么时候可能遇上什么样的诱惑和困境，通常应该如何应对。

我会寻找两三个人生导师，他们能在不同方面给我切实的基于实践的言传身教。

4

我会认真培养一个爱好，争取做到半专业。用这个爱好来抵抗无聊，来练习暂时放下工作、放空大脑，来为退休后的生活做准备。

拥有丰富的资源、带一支上万人的队伍，本身就会产生巨大的心理压力。一天似乎没干什么，无非是调解了两三件人事纠纷、开了两三次会，就会觉得累。身体不在公司，不等于心能离开，快速地放空自己是一种非常必要的能力，一个认真的爱好能提供很大的帮助。

我会有规律、适度地锻炼。有了钱，有了资源，也就有了使命，身体也就不仅仅是自己的了。

5

我会逐渐树立我的世界观、人生观和价值观。面对不确定的因素，形成自己的主见并敢于坚持、再坚持。很多时候，没主见比主见不完美更可怕。

但是，保持适度开放的心态，在别人能够说服你的时候，接受别人的意见，这不丢人。要心胸宽广，多听反对意见，这才是真正自信的表现。

最让父辈欣慰的不是我完美无缺，而是我虽然一身毛病，但每天都比昨天进步一点。

我会时不时地想想，如果我有一天不是"富二代"了，我该怎么办？

世事无常，你看他平地起高楼，你看他的楼塌了。但是，如果我做到了以上的信条，即使不是"富二代"了又能怎样？那我也可以从头再来，自己做"富一代"。

从追求赢到学会输

文 | 李希贵

有一年，我见到全运会柔道冠军。我问他训练的心得，他告诉我："我刚开始训练时的第一课，就是学会摔倒之后不受伤。你首先必须不断被人打败，然后你要学会翻滚、用特定姿势确保自己倒下之后不会受伤。"这是十分重要的一课，我们也要教会孩子失败之后不受伤，在失败后仍能奋起。

白岩松老师也曾和我交流过观看北京奥运会和伦敦奥运会的不同体会。他感觉，欧洲运动员都"会输"，他们即使拿个第6名、第8名、第21名，都开心得不得了，因为他们知道自己想要什么，他们在比赛过程中已经有了收获。

我儿子小的时候，特别喜欢和他爷爷下军棋、围棋、象棋。为什么？因为每次都是他爷爷故意输。后来我看不过去，我和他下，每次都会让他输。尽管他不愿意和我下，但我每次都要求他必须跟我下——他必须学会输，不然特别危险。

什么叫挫折教育？就是要让孩子在经受挫折的时候，知道有光明。为什么有些孩子跳楼？就是他经受挫折后，他觉得完了，觉得一败涂地了。人生不是这样，我们必须要让孩子知道，败了不要紧，败了一定还是有光明在的。

但是光靠说教是不行的。在一次次真实的失败中，必须得由你带他去寻找，让他知道那一线光明在哪儿，让他知道可以走出来……走出3次后，他就知道挫折后必有光明，就消灭了更大的人生风险。

我们学校设有一个学生创业基地——松林书苑。这里会不断挂出"重新开业"的牌子。为什么？因为他们的公司"死了"，"死了"后重新开张。说实在的，学校里学生们创办了200多个社团，但最终有多少个，我也搞不清楚，因为今天建两个，明天垮3个。

有人说，你就不能派老师专门辅导，让他们别垮了？我说不可以，因为一旦老师介入，学生的很多东西就得按老师的想法做了；而且我希望孩子们的社团在学校都垮一次，办个社团，3个月或者半年后垮了，多好！这是人生重要的财富，比今后到社会上办公司垮了的成本低多了。

在我们学校，有个"道歉日"：10月12日。这个日子是这么来的。有一年秋天，学校着急栽大树，但树被拉到学校时已经深夜一两点了，吵吵闹闹，把好多学生吵得没睡好。

学生当天晚上就给我发短信了。我就告诉总务处，不断地启发他们。他们终于在我的启发下，在学生的公寓楼前贴了两封"道歉信"，向学生们道歉。这一道歉，学生的态度马上就变了，他们觉得他们也得道歉，不该这么计较。所以，后来这一天就成为学校的"道歉日"。

2011年的校运动会，一个班经过主席台表演舞蹈的时候，会务人员把音乐放错了。学生们很生气，原本排得那么好的舞蹈，音乐配错了，多难受啊！教导处的老师写信一道歉，学生们就消气了。

我也经常给学生道歉。一次中国教育学会临时安排我去外地参会，但是和孩子们周一共进午餐的"校长有约"，两个星期前就已经约好了，我却去不了了。怎么办？道歉，给所有的学生写道歉信，后来学生们也原谅我了。回来后我给大家补上了"校长有约"。

"木桶理论"害了我们好多年，我们总是认为短板决定木桶能盛多少水。当我们的孩子有短处的时候，我们的家庭、学校和社会都在急着做一件事，就是补短。其实，更重要的是尽快去发现长处，孩子一定有自己的长处。

北京奥运会开闭幕式的导演之一王潮歌曾说："短处？短处我才不管呢！我是用我的长处来工作和生活的。"

一个家庭如果紧紧抓住孩子的优势，培养15年的时间，那么中考、高考都不在话下。但是我们就是不淡定，老是动摇，老怕输在起跑线，最终我们就真的输了，最终没发现孩子的任何优势。

一个人的层次开始提升的 4 个迹象

文 | 柳一一

懂得下"笨"功夫

小时候看《射雕英雄传》，对郭靖的笨印象特别深刻。

金庸写郭靖："这孩子学话甚慢，还有点儿呆头呆脑，直到 4 岁才会说话……"

江南七怪第一次见到郭靖，韩小莹一声长叹，眼圈儿不禁红了，全金发道："比武之事，咱们认输算了。"

朱聪道："这孩子资质太差，不是学武的胚子。"

郭靖学功夫笨得出奇，6 个师父的本事，学了 10 年，只学了个皮毛。

郭靖初入江湖，各种被虐，但是碰到洪七公，学降龙十八掌，却一气呵成；后来学各种上乘武功，都毫不费劲，最终成为一代大侠。

有人说，这是因为江南七怪教得太差。其实，郭靖后来学得快，就是因为他前面的基础扎实。笨人郭靖，10 年来风里雨里不停地练，不管会与不会，他始终坚持。

万维钢说，人有两种成长曲线：一种是对数增长，另一种是指数增长。对数增长，是指初期增长得非常快，效果立竿见影；指数增长，是指开始你根本看不到效果，可能在一段时间内，你感觉自己寸步难进，但是日积月累到某一个临界点，你豁然贯通，跳到了一个曾经渴望的制高点。

肯下笨功夫的人，经历的就是指数增长。

王阳明认为，成大事者，都是"笨人"，因为"笨人"，不着急，能守住初心，一步一步，铿锵有力。

我小时候有段时间，特别害怕背课文，从来没有在课堂上完成过当天的背诵任务，需要在课上课下背几十次，最终才能背会。即便那样，我也很难背诵得像聪明的同学一样流利。

每次沮丧的时候，我都拿郭靖安慰自己，他那么笨，都学成了一代宗师。

后来我逐渐发现了背得慢的好处，背得慢，忘得也慢，期末考试时，我不需要再去花大量时间复习课文，而那些聪明的同学又得重新开始背。

另外，背诵的东西内化到脑海里，写作文时，遣词造句逐渐甩出同学一大截，作文经常被评选为范文，贴在教室的墙上。

世界上最不怕的就是笨，"笨人"懂得下慢功夫，是世间最有远见的。

懂得下"笨"功夫，这是一个人的层次开始提升的第一个迹象。

剔除冗余的物质，关注内在体验

我曾经以为拥有的东西越多，人就能活得越幸福。

后来看了《少即是多》，我领悟到，将物质做加法并不能换来人内心的丰盈；只有摆脱物质的束缚，增加体验，人才能向幸福靠近。

我开始做减法，在物质方面不再追求多多益善，衣服越来越少，但件件合乎心意；家里的用品也添置得越来越少，只买真正需要的经典款式。

梭罗说:"把一切不属于生命的内容剔除,简化成最基本的形式。"

当我把"冗余"剔除,从"多"中彻底抽身出来,我开始懂得关注精神的需求。

我不再像以前那样有时间就线上线下双管齐下地买买买,我把更多的时间花在看书、旅行、和至交好友聊天上。

当我开始向内探寻后,我的内心变得越来越丰富了。

孔子说:"一箪食,一瓢饮,在陋巷,人不堪其忧,回也不改其乐。"

孔颜乐处,说的就是这个道理——极简是最高级的活法。

剔除冗余的物质,关注内在体验,这是一个人的层次开始提升的第二个迹象。

适当为自己留白,体验安静的力量

在《安静的力量》一书中,作者皮克讲述了一个故事。

他有一次坐飞机从法兰克福去洛杉矶,身边有一位年轻的女士,她在12个小时里,始终安安静静地坐着,只是静静地坐着,没有看书,没有睡觉,也没有玩手机。后来,皮克和这位女士交流,她说她喜欢在飞机上释放身心的压力,飞机落地后,她就可以满身轻松地享受假期,或者投入工作。

我们平时习惯把生活安排得满满当当,挂着一身疲惫和满心焦躁,紧锣密鼓地不断向前跑。

其实,静下来,适当为自己留白,体验安静的力量,我们才能消除疲惫,焕发生机。

畅销书《失控》的作者凯文·凯利有时会到亚洲的一些村落旅行,一去几个月，不带电脑，不用智能手机，他说："我尝试保持与各种科技的距离，这样我才能更容易记住我是谁。"

静，是人生效能的源头。

懂得为自己留白，这是一个人的层次开始提升的第三个迹象。

懂得矛盾是生命的底色

《了不起的盖茨比》里说："检验一流智力的标准，就是看你能不能在头脑中同时存在两种相反的想法，而且还能维持正常行事的能力。"

罗振宇说："在说出'我认为'3个字之后，要允许自己改主意、变结论，不要因为害怕有人嘲笑说'自己打自己的脸'，就停止对任何问题的重新思考。如果我们让过去的答案成为前行的枷锁，那才是真正地打自己的脸。"

我曾经特别崇尚标准答案，也特别喜欢对一件事情或者一个人，下一个终极结论。

当我用确定的答案，了解不确定的人和事，就简单粗暴地阻止了自己探索的脚步。

财新传媒的创始人之一王烁说："所有人都有内在矛盾，在矛盾中感到不适的是普通人，而在矛盾中自如转换的那些人，将其变成了创造力的源泉。"

生活没有答案，甚至答案本身就相互矛盾，我们要一边前行，一边更新。

懂得矛盾是生命的底色，这是一个人的层次开始提升的第四个迹象。

破 / 茧 / 成 / 蝶

我们的成长和成熟的节点是错位的,那些比我早熟的女同学,早已进入青春期里更高级难题的闯关模式,面临的是更复杂的烦恼和挑战。这不是简单的谁先经历谁后经历的问题,而是每个人都在遵循着自己身体和心理发展的规律成长着,各自都有不同的节奏。有些人仅一年的光景就已经历了很多惊涛骇浪,而你的人生却是三年或五年都没什么差别。

——尤寺净《每个人成长成熟的节点本就不同》

如果你爱某样东西,就不要让它成为你日后后悔的原因。爱之必以其道,我确实热爱游戏,但正是因为这份爱,我不能让它成为自己生命中遗憾的源头。

——艾力《别让你的爱好腐蚀了你》

父母对我最大的影响，
是给我自由选择的权利

文 | 王强

生命的种子

我的童年是在内蒙古包头度过的，那里的教育水平相对较低。我父母都是中学毕业，但他们很有意识地培养我和弟弟，使我们都上了很好的大学。

我父亲虽然文化程度不高，但一直爱看书，也爱买书。所以，我从小在家里能找到的最多的东西就是书，尤其是俄国文学。我读书的种子就是那时种下的。当时家里没有电视，也没录音机，我闲着没事就看书。我在书里得到的乐趣，比做其他事情得到的多很多。

父母对我最大的影响，就是给我自由选择的权利。父母从来不干涉我该学什么、该做什么，他们只是照顾我的生活，我要买书，他们就给我钱。

有一件事应该感谢我父亲。

上初中时，父亲给我选了一所他认为不错的学校——那时还没有考大学的事儿。父亲之所以给我选这所学校，只因为他听说这所学校有很多从外地来的老师。父亲一直主张孩子不仅要读书，还要有见识。他认为外地来的老师能给他儿子课本以外更多的东西，所以就把我送到这所学校来读书了。正如我父亲期待的那样，在这所学校里，我遇到了一批非常优秀的老师。他们都是大学生，各有所长，只是由于"政治问题"被下放到包头。

例如教我语文的高老师，他曾是《工人日报》的主笔，非常有名，工资是其他老师的几倍。

他是20世纪30年代北京大学法律专业毕业的学生。在高老师的作文课上，我第一次知道可以不必写命题作文。有一次我拿到题目，写了一下午，一句话都没写出来。我就去找高老师："老师，你出的这个题目我实在写不出来。"高老师说："那就写你能写出来的。"后来我写了一篇《我家窗前的一棵树》，有点鲁迅文章的感觉。这篇文章从一棵树写起，写这棵树见证的时代变迁，我与这棵树一起成长，它见证了我与朋友、同学的友情等等。没想到这篇没有按照老师命题写的作文居然获得了全班最高分，还被其他班老师拿到全校当范文宣讲，分析文章为什么写得好。

这给了我特别大的成就感，而且悄悄点燃了我读北大中文系的梦想。

我的数学老师更"神"。

他是南开大学数学系毕业的。他讲几何的时候，从来不带教具，上课只带五支粉笔就来了。画圆的时候，只目测标定一下圆心，然后一笔画成。这个圆你看不出它的接头在哪儿。画三角形，说画一个34度角，抬手就画一个34度角。有的学生不信，下课拿着量角尺到黑板上去量，果真是34度，连不爱学数学的同学对他都佩服得五体投地。

教我们生理卫生课的老师是北京师范大学生理卫生专业毕业的。

当时我上初三，听生理卫生课能听得入神，不是说我对各种器官感觉好奇，而是觉得人体竟如此神奇！因为老师讲生理卫生已经不是在光讲解剖了，他讲的是人体结构与生命整体及运动的关系，具有很强的哲学色彩。

这些老师不仅课讲得好，还都很有个性。他们做事追求极致，却没有一个评上过"优秀老师"。因为当时学校要求老师要坐班、要写教案，而这些老师的知识全在脑子里，根本不用写教案，给我们讲课只带一本教材，课本上也根本没标注什么字儿。

讲历史的陆老师是南京大学历史专业出身，他天天把课本掖在腰带里。

进教室后，他从腰带里取出课本，往讲桌上一放就开讲，从来不看一眼课本，牛得很！这后来影响了我的教学方法——要讲的知识应完全烂熟于胸。

英语老师最令我难忘。

他是学俄语的，不是英语科班出身。他看我很有学英语的潜质，就在一次下课后把我留了下来。他说："我教其他同学可以，但我看你是个好苗子，你不要跟我学了，你要学正宗的英文。"我说："我不知道上哪儿去学正宗的英文啊！"

过了一星期，他让我课后去他办公室。见了我，他从怀里小心拿出一个用破报纸包着的东西。打开一看是烂了一个角的大唱片，黑色的胶盘，可以用手摇留声机播放的那种。

他说："王强，我是半路出家。你要想学真正的英文，我给你找到了一个好教材。这是国外的。"他告诉我那叫"灵格风"。上初三的时候，在内蒙古那个偏僻的地方，我第一次知道了英国BBC经典的"灵格风"教材。唱片是破的，可能是从收破烂的人那儿找到的。

老师的苦心让我特别感动。每天放学后，他就把我带到学校广播站，广播站有一个手摇唱机。老师把团旗往窗户上一挂，谁也看不见；再把门从里面一锁，谁敲门也不开。然后他就一边摇着唱机，一边让我跟着唱机读。

我考到北大以后发现，英语专业50个人中只有我说一口纯正的英式英语，因为我是按照BBC学习的，一点都不含糊。

老师们的谦逊真诚，以及他们全情投入地把事情做到极致的人生态度，简直让我叹为观止，这直接塑造了我的人生态度和做事风格。

自由与自立

至今令我记忆深刻的是高考前报志愿。

我报志愿时非常"凶猛"，甚至有些不可理喻。

当时我一心想进北京，想进中国最优秀的学府，所以只报了五所全国重点大学。第一、第二志愿报的全是北京大学。这种报法是自杀式的，因为如果第一志愿不录取我，第二志愿肯定也不可能录取我。学校领导一看，急了，说："这简直是瞎报！"

当年北大英语系在内蒙古只有两个名额（其中一个名额给民族班）。学校领导说我是孤注一掷，被录取的概率太小。如果前两个志愿考不上，我连内蒙古大学也没报，肯定是上不了大学的。当年高考的升学率对学校很重要。学校的党委书记亲自找我父亲谈话，让他劝我改志愿。父亲知道我不愿意放弃——因为上北大是我的梦想，就没答应。党委书记给我父亲做思想工作，讲了一个小时的大道理，结果把我父亲的倔脾气给激出来了："他考不上大学是我养，又不是你们学校来养。不改！"

党委书记一听气坏了。他觉得我们做事不靠谱，爱出风头，这会影响学校的升学率，属于思想不端正的人。

当时他就把我这个文科班唯一一名"三好学生"的荣誉给撤了，八块钱的"三好学生"奖学金也收回了。

这么一来，我非常紧张，压力大得不得了。父亲见我情绪低落，就对我说："怕什么，你又没错。如果连北大都不敢考，你将来还敢做什么？考不上我养你，明年接着考！"

父亲的话让我感到很温暖。我有了强大的后盾。接下来的时间我拼命复习，因为担心考不好对不起父母，对不起点燃我梦想的那些老师。

结果，高考成绩一公布，我是内蒙古文科总成绩第二名，外语成绩第一名。我顺利地以第一志愿进入了北京大学。

我感谢我的父亲。

生活中他的话不多，但关键时刻总是看得很远，看似不经意的话，其实都是他深思熟虑的结果。他让我坚持做自己想做的事，依照自己的意愿追逐梦想。这使我变得独立而自信。自由给了我自立，自由加上自立给了我今天的人生。

拥有开明的父母是一种怎样的体验

文 | 陶晓清

身为家中的第一个孩子,从小被期待做一个好榜样,我确实很爱惜自己的羽毛。小学毕业顺利考上台北市立女子中学(现为金华女中),然而初中毕业时,成绩中等的我,高中联考没有考好。对于我而言,这真是一次非常严重的失败。但是父母并没有太责怪我,只是跟我一起研究还可以考什么学校。

当时我的第一志愿是台北女子师范学校(现为台北市立教育大学),想将来当老师。谁知道这所学校的录取率比高中联考还低,随后我又参加私立高中的联考,考上了商业类的高中。那时我对联考已经非常惧怕,但听同学说还有五专联考,其中有我一直喜欢的广播类科系,于是我鼓足勇气,跟父母说想去试试,如果考上了,我就再也不参加任何联考了。于是,世界新闻专科学校(以下简称"世新")五年制广播电视科毕业,就成了我至今最高的学历。

我的青春期,刚好就是在市女中与世新念书的时期。我并不需要叛逆,因为我的父母从来没有不允许我做什么。但我确实看到许多同学经历了很不安的青春期。

在那个年代，我的父母是很开明的，特别是我的母亲。她从未阻止过我交男朋友，在有男孩子开始想约我出去的时候，她告诉我一定要让男孩子到家里来接我，并且在事先说好的时间送我回家。父母对我非常信任，我猜测也许正因为这样，我才什么都愿意跟他们谈。否则母亲怎么可能告诉我，要让跟我约会的男孩子来家里接我呢？母亲的说法是，如果这个男孩子心里不够坦荡的话，他就不敢到女孩子家里去见她的父母。

我相信对我和男孩子约会这件事，父母一点都不大惊小怪。正因为如此，我曾跟母亲说："每次跟我喜欢的男孩子从学校乘车回家，时间都好短，一下子我就要先下车了。"母亲居然说："那你就多坐几站，跟他一起下车，再往回坐也可以呀！"

有一次跟男朋友出去约会，回家时间真的太晚了，结果我进得了大门，却进不了二门。母亲好好地训了我一顿才放我进门，然后告诉我，他们没有把大门锁上，是因为不想让我男朋友以为我回不了家。等我进大门后，男朋友就回家了。锁上二门是因为我没有遵守约定，就要为自己的行为负责。我就是这样学会守信用的。回家晚的确是我的责任，不能怨他人。我的父母真的很懂孩子的心理，没有让我在男朋友面前丢面子，又给了我一个终生难忘的教训。

那时候同学们都很喜欢参加舞会，很多人都必须欺骗父母，才能偷偷地把参加舞会的衣服带出来，回家前还得小心翼翼地把衣服收好，把口红擦掉。但母亲不但不阻止，还经常帮我挑选参加舞会的衣服。我10岁就参加过父母办的舞会，舞步也是他们教的，我还担任过父亲同学的舞伴呢！

在我19岁那年，母亲兴冲冲地帮我租了场地，还带我去朋友家挑唱片、录音乐，特地办了一场舞会来庆祝我的生日，我的同学简直羡慕死了。

有位同学的母亲对她管教特别严格，她是常常到我家来换好衣服后再一起参加舞会的玩伴之一，一次因为口红没擦干净，回到家被她母亲发现，便挨了一顿打。第二天上课看到她哭得红肿的双眼，我非常难过，就自告奋勇放学后陪她回家。我记得自己像个小大人似的对她母亲说："在我们这个年龄，父母似乎不应该再采用打骂的教育方式了。"直到现在，那位同学都还很佩服我的勇气。事实上，从那次之后，她母亲仍然很严厉，但的确不再打她了。

现在回头看，我的父母对我采取尊重的教育方式，我的感受是非常舒服的，因此当我的孩子也到青春期时，我愿意采取同样尊重的方式教育他们。

两个儿子似乎也因此没产生叛逆的行为。小状况不能说没有，有时候也会让我烦恼得睡不着觉，不过至少我们都愿意相互沟通。不论发生什么状况，我都会先告诉他们："爸爸妈妈一定会站在你们身边，陪伴你们一起渡过难关。"

我把父母给我的尊重，也同样给了两个儿子，所以他们在青春期，并没有特别需要叛逆的地方。

打不过的敌人有时也是朋友

文 | 李筱懿

我是记者,曾采访过一些看上去无所不能的女强人,K是让我印象最深刻的一个。

我问她:"有什么事情难倒过你吗?"

她笑起来:"说说我儿子15岁时迷上打游戏的事吧。那时,我用尽方法都不能戒除他的痴迷,断零用钱、劝说、跟踪,甚至忍不住打骂——我以前是不打孩子的,可是那段时间我控制不住扇了他耳光。

我们之间完全变成对抗关系。我暴跳的时候他的眼神特别平静,好像激怒我是莫大的成就。甚至有一次,他挑衅嘲讽地笑着说:妈妈,你不是特别'能'吗?原来也有做不到的事啊。

这句话把我点醒了,对一个充满敌意的叛逆期的孩子,针锋相对没有用,得换个方式。

我问他:你特别想打游戏吗?

他说:是的。

我说:好,既然你这么喜欢打游戏,就好好打,我先在学校给你请一段时间假,让你专门打游戏。但是,你得答应我,打游戏要打出你这个年龄的最高水准。

他有点蒙，不太相信我说的话。

我接着说：儿子，妈妈最希望你快乐。不是一时的快乐，而是能安安心心快乐一辈子。我们为了打游戏闹成这样，妈妈觉得不值。你以后求学、恋爱、结婚，我们母子俩在一起的机会越来越少，现在，让我多陪陪你吧。

他低下头，表情不再抗拒。

第二天，我陪他去游戏厅。起初，他特别不好意思，后来进入状态就轻松多了。他给我科普游戏知识，我反应慢就骂我笨。我想吃零食、想喝水，都支使他去买，重要的工作电话我就到门口接。

一个星期以后，他对我说：妈妈你工作真的挺辛苦的。我说：只要你高兴，我就不辛苦。他当时没说话，过了几天，突然对我说：以后我先陪你工作，你再陪我打游戏吧。我暗暗吃惊，改变比想象中来得快。

第二个星期，他先陪我上班，我再陪他去游戏厅。我给他看我们的产品，解释企业做了哪些事。我说：妈妈确实累，但是做自己喜欢的事，还有你在身边，就很宽慰。他没应声。中午吃饭时，他把自己便当盒里的菜默默夹给我，我有点感动。

第三个星期，他陪我上班的时间越来越长。他偷偷留心我杯子里的水，没了立刻帮我加；悄悄观察空调的温度，冷了热了都主动调整；隔两个小时就会跟我撒个娇：妈，休息一下，陪我说说话吧。他变得像个小暖男，我们的关系竟然逐渐融洽。

第四个星期，他居然主动要求回学校。我开车送他回去上学。下车的时候，他突然抱住我，说：妈妈，不要太强太能了，要给别人留个缝隙爱你。这话让我心里一颤，15岁的孩子成熟得像个大人。

儿子的话让我反思，什么是'无所不能'，什么是'强大'的女人。以前，我总觉得强大是征服、是战胜、是纵横捭阖的力量。那一次，我觉得强大并不是对抗，而是柔韧地坚持。打不过的敌人，有时也是朋友。"

每个人成长成熟的节点本就不同

文 | 尤寺净

小时候,大院里有一个神童,他是邻居家比我小一岁的孩子。

他的家人说,自己家孩子的算术能力十分不一般,还没有上小学,而且没有任何人教他,但是对小学一二年级加减乘除的算术,他都不在话下。我爸不相信有神童这一说法,而且他相信上了一年级的我,应该也有同样的能力。

于是,我爸出题考问他:7+9+5+11−7+8−4+3,等于多少?他眼珠子咕噜一转,"32"脱口而出。我爸紧接着加大难度,数字继续叠加变化,他几乎都对答如流。大人们惊讶得连连称奇。类似的问题,我爸改了数字出题问我,我掐指算了半天、想了好久,才支支吾吾说出答案。

我爸有些气急败坏,当着大家的面训斥我:"怎么这么笨,你都上一年级了,连这些都不会,人家可都还没有上小学呢。"围观的人纷纷笑了,直夸那小男孩是个天才。那一次经历,在我心里留下了阴影,我开始认为自己笨,没有数学天分。

后来,我们都上了初中。有一天,我路过他们家,听到他爸请求院里成绩很好的大姐姐帮他补课。他爸明显恼羞成怒地指着他训斥："小时候你什么题不会？你看看现在……"他乖乖地坐在一旁，胖墩墩很憨厚的样子，丝毫没有当时的灵气。

奇怪的是，那一刻我并没有幸灾乐祸，而是隐隐觉得内心达到了某种平衡。

小时候，父母总习惯拿自己的孩子跟别人家的孩子对比。以前我一度觉得他是上帝的宠儿，可是后来我才渐渐明白，每个人的成长就跟不同的作物一样，会有各自不同的生长期和成熟期，你没有办法要求地里的花生像挂在枝头的西红柿那样鲜艳。

当年，父母忙于工作没时间照看我，于是让我比同龄人早一年进入了小学。在低年龄段的时候，我很明显地感受到自己无时无刻不在的惶恐。我总觉得同学讲的话题都很有意思，可是我又不理解其中大部分的意思。

三四年级的时候，很多女生凑在一起嘻嘻笑笑、窃窃私语，我也有自己的女伴，可是在讲到一些私密话题的时候，我就常常插不上话，比如她们已经有了喜欢的男生。好多次我看着相互喜欢的小女孩和小男孩隔着不远，你一言我一语，互相逗闹嬉笑着，而自己在边上不明就里，像个白痴。

我想表达的并不是我对于这种青春萌动钝感力的在意，而是对于自己融入不了女生群体而感到的忐忑和纠结。围绕在我身边的永远是一群屁大的小男生，他们约我的好事永远只有爬山、偷果子和"作业借我抄一下"。

那时候，我会对那些已经很有成熟女孩模样的女生产生很强烈的羡慕，她们于我就像谜一样的存在，进而让我感到自卑。这种感受进入中学之后才慢慢地被释放掉一些，我开始发现因为自己的发育迟缓和相比同龄人而言更天真一些，反而更容易受到同学的亲近和喜欢。反过来，那些发育更早更成熟的女生，总是话很少，表情忧郁地躲在教室的角落。

我们的成长和成熟的节点是错位的，那些比我早熟的女同学，早已进入青春期里更高级难题的闯关模式，面临的是更复杂的烦恼和挑战。这不是简单的谁先经历谁后经历的问题，而是每个人都在遵循着自己身体和心理发展的规律成长着，各自都有不同的节奏。

有些人仅一年的光景就已经像经历了很多惊涛骇浪，而你的人生却是三年或五年都没什么差别。可是能怎么办呢？你要去努力追赶成长路上的每一份际遇，但是同时也要告诉自己这样一个现实，你就是开悟得比别人晚一些。但是没关系，只要每一步都是前进、向上走的，晚一点儿到达也没关系。

生活就是比较级的，但不是和别人比，而是回归自己。你只有同时经历过两种不同状态，有了比较才会知道，哪一种是自己想要的。

在人来人往的人生旅途中，你的成长从来都是你一个人的事，你的每一步都与众不同，你有自己的节奏，迟早也会有成长拔节的时候，这一点你要知道。

我们的小孩很寂寞

文 | 吴念真

我这一代人的父亲，大多不会跟孩子沟通。我一辈子跟爸爸讲的话不超过两百句。因为他不知道要跟我们讲什么，我们怕他怕得要命，什么也不敢跟他讲。我爸过世之后，为拼凑他的生平要问好多人。他不是立体的，我们是亲人，距离却那么远。所以，我跟太太说，我们要当儿子的朋友，像兄弟一样没大没小，这样会比较好沟通，不会出问题。

那时我说，若是有一天儿子失恋了，跑回来抱着我们哭，那我们就成功了。果真，他中学第一次失恋，凌晨两三点跑到我房间，抱着我痛哭。我一方面觉得很心疼，一方面也很高兴自己真的做到了。

我一直以为这一辈的父子关系应该都是这样的。我的好朋友都跟他们的孩子很好。直到有一天，我去一所很大的中学演讲，有1500位初中生、500位高中生来听。我讲父亲、自己的历程、儿子的笑话……大家都听得很开心。

后来有一个学生举手问一个问题，他说："我不晓得要跟爸妈讲什么话，我不敢。例如：我今天不舒服，说不想去上课，我爸就拿棍子打我。"他一讲大家都笑了。我说我写E-mail回答他。当时忘记自己拿着麦克风,就把 E-mail 地址说了出来,结果两个星期收到 400 多封 E-mail!

这些孩子的信中都在讲父母亲——"我数学不好,被爸爸骂得很惨;但我语文很好啊,他为何不称赞我的语文成绩?""爸妈很势利,不准我跟我的朋友在一起。"

天啊!他们的父母应该小我 20 岁,但为什么都还不能跟孩子沟通?为什么没办法当孩子的朋友?我吓了一跳,这些孩子对我没戒心,相信我这样一位陌生阿公,但是为什么他们不能、不敢跟父母讲同样的事情呢?这让我非常疑惑。

讲出来你也许不相信,我和儿子真的从来没有过冲突。他是个很听话的小孩,我没有骂过他。平常我们都叫他"葛格",我最凶的时候是直接喊他的名字"吴定谦"。他在叛逆期跟妈妈讲话时比较凶,我最多在旁边跟他说:"吴定谦,对我老婆客气一点!你听过我跟阿嬷这样大声讲话吗?"

唯一一次很严肃地跟他谈,是他在小学一二年级时。他那时成绩很好,老师特别安排一个成绩比较差的同学坐在他旁边。有一天老师打电话来说,我儿子做了一件让他非常惊讶的事,看我要不要跟他谈一谈。原来是考试时我儿子举手告状,说同学偷看他的试卷,老师告诫那个同学两次后他还是偷看。之后,儿子竟然把正确答案全部擦掉写上错误答案,让同学抄,同学抄完他再快速改回。

我吓了一跳,这很奸诈,是大人之间都无法原谅的事!我问儿子为什么,他说:"这样不公平!"我们的教育让孩子这样看重分数!我给他讲了一个很长的故事,讲我当兵时,若有错误发生,会有一个人出来承认犯错，一个人承担，这个人最后会被大家尊敬，这叫义气。这是唯一一次我认为他做错事而跟他长谈。

我很清楚小孩的世界和我们的不一样，他们经历的不是我们能懂的。父母自己做不到，就不能要求孩子做到。我儿子从小成绩很好，有一次数学却只考了七八十分，老师在联络簿上写，数学要多加强。我太太就训他："你的数学要多加油啊！"我把太太叫到厨房，问她："你的数学有没有很好？"

她说："很烂！"我说："我的数学也很烂啊！大学联考才考了10.18分！"我们的数学这么烂，怎么能要求孩子好呢？所以我很认真地跟太太谈，我们自己做不到的事，千万不要叫孩子替我们去完成。父母要孩子长成什么样的人，自己要先做成那样的人才行。

你不能决定孩子的前途，你不能只因为你认为哪个专业会找到好工作，就叫他去念哪个专业。让孩子自己去决定，以后他就不会怪你。我儿子考大学时只填报两个系——社会系和戏剧系，我心里想，我和太太老了以后要"吃自己"，没人养了！他说念社会系可以跟很多人在一起，协助他人，了解这个社会；念戏剧系可以跟很多人一起工作，而且可以安慰很多人。我觉得他的决定是经过认真思考的。

儿子后来念了台大戏剧系，他大学毕业那天，跑到我的书房说："爸！你从今天起不用给我零用钱了。"我站起来跟他道谢："从今天开始，你是独立的个体了，谢谢你，成长过程中没有给我找麻烦。"

我们的小孩很寂寞，无法跟人沟通，很多辛酸不知跟谁讲。小孩一旦不会沟通，就会动武，不是语言暴力、想法暴力就是行为暴力，所以要让孩子有机会倾吐、抱怨。有人可以讲、敢去讲心里的事，比把英文念好还重要。只懂把英文念好，没准会长成自私的混蛋呢！

别让你的爱好腐蚀了你

文 | 艾力

很多男生在网上忏悔："我曾经因为玩 DotA 而错过了一段感情，如果上天再给我一次机会，我想对她说：'我爱你。'如果非要为这段感情加一个承诺的话，那就是，我再也不玩 DotA 了。"

还有人说："如果你遇到一个男生在玩 DotA 的时候还能回复你信息，那你就嫁给他吧。"

没有玩过 DotA 的人，始终搞不懂它的魅力在哪里，为什么它能让那么多男生废寝忘食、不眠不休，甚至可以与女友分手。我曾痴迷于电脑游戏，对这种沉迷的后果感同身受。

初中时，老师就曾经告诫痴迷游戏的我："不要让你爱的事物害了你。"我那时并没有理解他这句话的深意。

那时候，我曾经连续一周每天玩游戏到半夜 3 点。为了不让灯光从门缝漏出去，我用衣服把门缝遮得严严实实，这样，父母就不会发现我在玩游戏了。

我一度喜欢上了《勇者斗恶龙》系列游戏，但当时只能在家里的步步高 DVD 上玩。DVD 不能存储游戏，这就意味着不能关机。由于是在寒假，反正也不用出门上课，我想到一个绝妙的方法——把唯一能暴露 DVD 开机状态的红灯用胶布贴了起来。自从用了这个方法，妈妈再也不用"担心"我玩游戏了。

为了玩游戏，我和父亲争执不断。他希望带我去附近的景区玩，而我只想待在家里，他当着我的面掰碎了游戏盘。然而，他们越是明令禁止，我越是不听。

后来我发现，如果只是用这种强迫自己的方式去戒掉网瘾，就好比某位"大师"提倡的用电击治疗网瘾一样，并不会真正改变人的思想，也改变不了人的行为。真正治疗一个人对不好的东西成瘾的方式是，让他在其他事情上得到更大的成就感，否则他就会陷入错误中无法自拔。

大一时，我还有一段时间沉迷于电脑，并且拖延症发作。由于学习压力大，我就通过玩游戏来减压。虽然我不在宿舍玩游戏，但会去网吧包夜。曾经有一个月，只要有空，我就会跑去玩游戏。北大门口有个网吧，肯定毁了无数学生的人生梦想。大学旁边的网吧对男生的吸引力，就像学校附近的服装店对女生的吸引力一样。现在，大家给我的标签是"阳光暖男"，但如果当时你遇到那个在网吧里蓬头垢面、一身二手烟味道的我，肯定会想自废双目。

后来，我选择了远离网吧。

如果你爱某样东西，就不要让它成为你日后后悔的原因。爱之必以其道，我确实热爱游戏，但正是因为这份爱，我不能让它成为自己生命中遗憾的源头。

戒掉任何一个不良嗜好都不容易。我戒掉游戏瘾也是因为那次在网吧的濒死体验。但如果真的决心戒除的话，也还是有一些方法可以帮助自己的。比如你可以参加互助组，和有相同感受的朋友们一起分享感受，互相鼓励。《纸牌屋》等很多美剧中都出现过关于互助组的情节。极负盛名的 AA Meeting（Alcoholics Anonymous Meeting）就是在美国很常见的戒酒互助会。

每次的互助会会有一位领导者维持场内秩序，选择一个相关的话题进行讨论，参与者可以在这个气氛下，相对坦诚地讲出自己的上瘾经历或者困惑，以寻求同伴的帮助。大家也会对他的积极行为给予肯定和鼓励。经过一段时间，参与者之间通过紧密联系形成了互助关系。

人生就像吃自助餐，如果一开始你就狂吃面包把胃填满，那后端来的海鲜也就无法品尝了。如果你在需要奋斗的年龄，痴迷于在游戏里开着极品赛车在纽约飞驰，那就失去了积累实力真正去纽约观光的机会。

爱好是人生的调味剂而不是主菜。餐前沙拉再好吃，也要把胃留给真正的正餐。

每一条路都有挫折

文 | 艾小羊

儿子考试没考好，并且他下次可能依然考不好。

对他而言，数理化就是"珠穆朗玛峰"，我们用力攀登，找家教、搞题海战术，施加各种压力，收效并非没有，然而要到达山顶依然遥遥无期。偏偏他的身边又聚集着各种"学霸"，他与他们相谈甚欢，经常在我因为他聊QQ震怒的时候，他却轻描淡写地说，跟他聊天的同学成绩班级第一名，以示聊天并不会影响学习。

我时常问他将来准备做什么。他笃定地告诉我："没想法。"我不知道他是真的没想法，还是想法太疯狂，不愿意告诉我。

记得他在很小的时候，特别羡慕坐在小卖部门口打扑克的人，觉得那才叫生活。他的偶像是一个名叫"力强"的开小卖部的男人。力强的小卖部取名力强超市，在他从学校到家必经的路上。他去力强超市买文具、小零食，看到力强在没有生意的时候，坐在收银台里玩电子游戏；晚上，力强与周围的居民一起，在小卖部门口的空地上踢毽子。

当他告诉我，他希望过力强这样的生活时，我指着不远处正在拆迁的楼房告诉他："等你长大的时候，这种小本生意生存的空间大约已经没有了。"第一次听的时候，他不以为然，后来，力强超市的外墙上果然写了一个大大的"拆"字，他便再也没说想开一间小卖部的事。

有一位朋友的表弟是清华大学的"学霸"，后来进了华尔街的投资银行，偶尔回国，朋友便让他多带自己的儿子一起玩，多讲讲华尔街的故事，增长他的见识，激发他的斗志。有一年，她建议我让儿子一起去。儿子无奈地去了一次，便不愿意去第二次，说跟那个哥哥在一起不好玩。

他很喜欢我小时候生活过的那个三线小城市，每次去都央求我为他借一辆自行车，他会骑着它轻松到达城市的边缘。那里还有许多以七层以下楼房为主的小区，每个小区里都有几个他向往的小卖部。孩子们还像我小时候那样，聚集在小区的空地上玩耍，他们的父母安心地在家里做饭，饭熟了，推开窗户喊一嗓子，就会有邻居帮忙呼唤他的孩子。

在我与他为考试成绩争论不休时，他曾经提出转学去那个小城市，表示不介意以后就在那座小城市开出租车，或者开一家副食店。

看过宋丹丹的一个采访，说在她跟巴图关系最紧张的时期，她说："巴图啊，你是上天派来专门气妈妈的吗？"有时候，我也觉得他是上天派来故意气我的。他知道我心里的忌讳与指望，所以，专挑我忌讳之处去"闯关"。

我曾经为他的未来辗转反侧。

他身体的平衡能力差，体育基本没戏；哑嗓子，唱歌不行；学过画画，半途而废；学过钢琴，不及郎朗的十分之一；的确从小喜欢汽车，每次去游乐园都要开小赛车，然而玩赛车是奢侈运动，估计他只能开出租车了……

养育的乐趣，在孩子小的时候更加丰盈，而一旦他慢慢长大，尤其是在接近青春叛逆期的时候，孩子就成了一个讨债鬼，要把婴幼儿时期给父母的那些美好、快乐、满足，都讨要回去。

他的叛逆期，是我的忧郁期，两种负能量对接，经常擦枪走火，甚至战火纷飞。

在他小时候，我自信可以影响他，跟随儿童心理学书籍亦步亦趋，却忽略了它们负责让一个孩子心理健康，却并不负责让他成为"学霸"，具备世俗意义上成功的潜力。甚至有朋友提醒我，可能正是因为我过于注重孩子的心理健康，才导致他无视当下惨烈的竞争。

"你觉得心理健康、快乐就行，可是大环境如此，他心理再健康，别人吃肉，他吃菜，能快乐得起来吗？"据说许多自以为能给孩子快乐童年的中国父母，到了一定时候，都会变得与我一样无所适从，甚至后悔万分。

最近，我的咖啡馆旁边新开了一间新的咖啡馆。

店主是几个聋哑小伙子，很会穿衣服，清爽、时尚，大约是健身爱好者，身材也保持得不错。他们与那条街上的其他人相比，最大的特点是心静。每天把小店里里外外打扫得干干净净，店门口今天多一块小黑板，明天多一盆星星草，几个人经常站在门口比画、商量。有一天，我听到外面轰轰的声音，走出去看，发现他们拿来一架航拍的小飞机，小飞机轰轰前行，两个小伙子站在镜头前面，一边跳起来做各种欢快的姿势，一边倒退，经过我身边时，牛仔衬衣整洁得像蓝天一样，笑容绽放在他们脸上，闪闪发光。从巷子口到他们店里，反复拍了几次，每一次，他们都是雀跃的。

他们的父母，一定有过异常揪心的日子，世界如此残酷，他们却那样弱小，然而当他们长大成人，不是一样找到了自己的朋友、自己的圈子、自己的兴趣甚至自己的事业吗？

他们父母的担忧也不过是尽到做父母的责任罢了。

从最初的完全包办与引导，到遭遇反操控，直至最终的无能为力，当孩子开始以自己的方式拥抱世界，父母才惊觉自己失去了最美好的世界。然而一切都是必然，一切都无法改变，过分的担忧只是藏得很深的"我都是为你好"，如果说对于渐渐老去的父母与慢慢长大的孩子而言，还有一种情感能够抵抗过去与未来之间的抗衡与拉扯，那就是信任了。相信他可以找到自己的位置，相信他可以拥有自己的快乐，相信每一条路都有挫折，而他终究有能力战胜困难。

家长是些什么动物

文 | 南在南方

有一天看了篇文章说，没有一个家长不望子成龙、望女成凤，大家因为一句"不能让孩子输在起跑线"而疯狂，不遗余力地想要把孩子培养成全能战士，但常常事与愿违，结果把孩子培养成各种各样的动物。我觉得挺有意思，晚上回家跟儿子说，希望他能对照审视一下自己。

儿子不太情愿，因为他正在训练小狗跳高。他说，你说吧，我洗耳恭听。言外之意是说，又是那些让耳朵起茧的老生常谈。

我说，有些孩子成了白眼狼。他笑着说，是东郭先生那个故事？我说，有些孩子不知感恩，不知回报，觉得爸妈做什么都是应该的。他又笑着说，想说我是白眼狼？我说，有点儿吧。他说，那都是小时的事情，爱吃独食嘛。我说，不光是这个，比如你生病了，我们多着急，可上次你妈妈病了，你连一句问候都没有……

我说，有些孩子成了寄生虫。他说，从上学期开始，周末都是我洗碗啊。我说，是啊，这一种你不算。

我说，有些孩子成了金丝雀。他说，这个我不算，我从三年级开始就不要你们接送了，我自己能解决好多问题，再说，金丝雀好看，是用来说女生的，我可用不上。我点头称是。

我说，有些孩子成了霸王龙。他笑了起来，说我是恐龙？我说，是说霸道，无法无天。他说，我倒是想当霸王龙，可惜你是老霸王，一顿胖揍，我就成了一条蜥蜴啦。

我说，有些孩子成了没头苍蝇。他说，到处乱撞？我跟这个不像。我说，在我看来，这条恰恰很像你。他终于坐了下来，问为什么。我说，早上起来上学，有时找不着课本，有时找不着笔盒，有时找不着校服。写作业时，遇到不会的题，乱翻课本，不能准确找到要用的知识点……他说，明白了。

他说，书上还说我们像啥动物？我说，只列举了这么多。他说，那我问一下，你们家长是些什么动物？

我笑着说，目前来看，有狼爸，有虎妈。他说，那你是个什么动物呢？我看着他，他态度认真。我说，我不知道，你说说看？

他说，你像各式各样的狗。

这是个新鲜的说法，我说，现在，我也要洗耳恭听啦。

他说，你有时像一条狼狗，威风得很，一声怒吼，吓人一跳，再一看狗嘴，牙齿又大又尖……你有时太凶恶，那样子像要吃人。

不得不说，他这个例子举得好。我说，还有呢？

他说，你有时是一只松狮狗，就是那种看着好像很难过的狗狗，愁眉苦脸的，我作业没做好、考试没考好时，你就成了松狮啦。

我笑不出来了，原来我是这样的。

接着，他说，有时候你是一只警犬，偷看我的手机，还翻我的书包，想找出对我不利的东西。当然也找到过，玩具啦、零食啦，然后就开始审问我，让我交代。一般我都能交代，有时我也忘记了，这时，你又变成了狼狗。

我说，你爹我总还有些不像狗的地方吧？

他不依，说，你还是像狗，像一只好狗，就像楼下那只京巴，每次见到我都会摇尾巴，跑过来跟我玩一会儿。

我说，这么说来，你希望我是一条京巴？他笑着说，你又不会变，成不了京巴。我说，那你希望我是什么？他说，那就雪橇犬吧，带着我在雪地跑……

他说完，继续去训练小狗跳高了。显然，他说出了自己的想法，他说的也都是对的。我说，你说得太好了，我要慢慢摆脱狗的习气。

他学我平时要求他的语气说，那你写篇作文吧。我答应了他。

很多时候，家长的自我感觉都很好，挂在嘴边的一句话就是："这都是为你好！"结果往往是，自己先成了某种动物，或者说不知不觉有了动物的习性，然后培养孩子，结果把孩子也培养成了动物，自己不反思，又让孩子成了"替罪羊"。

还是该心平气和地听听孩子的心里话，那才是家长最好的镜子。

写给儿子的《打架指南》

文 | 金建云

亲爱的儿子：

今天，你进门的时候情绪低落，眼角和嘴角有瘀痕。我圆场说："你这么大的人了，还摔成这样。"其实，我知道你挨打了，而且吃了不小的亏，所以，我打开电脑写这封邮件——告诉你，男人这一生中有些架总是要打的。

如果是10年前，我会告诉你："挨打了要告诉家长，必要时要告诉老师、报警和逃跑。"但是，10年的光阴，你已经长成比我还要高大的男子汉了。岁月的魔杖悄悄拉开了我们的距离，我不能再随心所欲地拥抱你，不能像从前一样将你举过头顶，更不能打开《家长手册》找到你需要的答案……我只能以含蓄得体的方式默默关注你。

你的成长让我感到一种压力。

我不得不承认，未来你会遇到更多的问题是我无法帮助你解决的；你的某些思维模式是我无法介入的。无论如何，我一直在寻找一种有效的沟通方式，希望今天的这封邮件，你能耐心地读完。

先来说说我自己。

读中学之后，我打过两次架。

第一次打架是我追求你妈的时候，被情敌找人殴打。那场架，我基本上一直处于躺在地上被打的状态，天昏地暗，如同世界末日一般。但是，挨打之后的我并没有退缩，而是继续冒着"找死"的危险疯狂追求你妈，直到我们组建了幸福的家庭。

另一次打架是我们一家三口出去旅游时遇到歹徒。在来不及报警的情况下，为了保护你妈和你，我挺身而出。好在我练习多年的跆拳道派上了用场。一个打三个，僵持了10分钟，直到有路人相助，擒获了歹徒。

我说这些，是想告诉你，男人挨打这件事并不丢人。有时候，挨打是从男孩到男人蜕变过程中的成人礼。从那次被群殴的经历中，我认定了自己的真爱，以至于在婚后平淡庸常的生活中，一想起为她所挨的打我就有力量面对各种诱惑。同样，在那次挨打中，我拥有了勇气——我不会卑躬屈膝地去服软与讨好，而是靠自己的实力和真诚赢得自己想要的东西。

说实话，写这些的时候我心里也很矛盾。

我矛盾的是应该教你"受胯下之辱，小不忍则乱大谋"呢，还是教你"该出手时就出手，不回避真实的感受"呢？前者，是明哲保身的最好办法；后者，类似于西方的决斗，普希金就因此而死。前一种方式造就了不少韩信一样的成功者——他们忍耐、成功，然而也有可能心理扭曲、郁郁寡欢；后一种方式可能会吃亏、鱼死网破甚至小命呜呼，但是经历过的人也未必后悔。

你从幼儿园起所接受的教育就是"好好学习，团结友爱；真有矛盾，也要大事化小、小事化了"。但是，我想告诉你：成熟的标志就是，有一天你认识到这样的教育与现实有较大偏差时，也能坚韧地活着、自我调适并且继续热爱生活。

最近，我陪你弟弟去看了电影《天才眼镜狗》。

这只"智商超常、哈佛毕业、做总统顾问和实业巨头"的天才狗，收养了人类小男孩舍曼。为了保护舍曼，它用尽各种技巧、知识甚至高科技，最终在舍曼被人强行抱走时，它冲上去咬了对方一口。

这个情节戳到了我的泪点——最伟大的爱，或许只是出于本能，也只有出于本能的发泄，才能将深沉的爱表现得淋漓尽致。

我这么说绝非鼓励你去打架。

我只是想告诉你要学会与自己的内心对话。在你的心灵深处，有一个真实的你。你要常常问自己："这件事，我心里面过得去吗？""我真的快乐吗？""这是我真实的想法吗？"

不要欺骗自己，更不要活在别人的眼光中，努力去做一个真实的自己。当然，这还远远不够。

你还需要用高度的理性来考虑大局，用缜密的思维来顾及细节。假如有一天，你被逼到不得不出手的境地，那么也不要莽撞。想一想，什么是你可利用的资源？什么是你可使用的规则？事情还会有哪些变数、意外和转机？想想自己有没有化敌为友，甚至是危机公关的能力？

儿子，你正处于"非黑即白"的年纪，手中握着大把的青春。同时，你也会有很多泪要偷偷流、很多罪要自己受，还有很多爱、恨、情、愁要去亲自体验。

从你很小的时候起，我就一直在培养你生命的弹性和韧劲。我努力让你知道，赢不是人生的目的。很多赢了一辈子的人，内心深处并不快乐。这样的人充斥着社会的各个阶层尤其是中上层，以至于人们习惯以一种功利的输赢观来指导自己。

在打架与否这件事上,我希望你不要在乎输赢,而要找到最好的方式去调适自己的心灵。

如果你想出外宿营、长跑解压或是买个沙袋发泄一通,我都可以陪伴你;如果你想用正规渠道去申述和上告,我也随时待命准备帮助你;如果你想"以牙还牙,以打还打",我可以做你的智囊团,一起想出最安全的方案;如果你想自己解决一切,我一定会装聋作哑,暗暗为你祈祷。

无论何时,我在你微信朋友圈中所点的每一个"赞"都包含着很深挚的情感。我是一个不习惯情感外露的人,便只能将内心波涛汹涌的感受总结为一句话:"没事,老爸挺你!"

爸爸

没有打架，只有打人和被打

文｜杨照

那天，女儿突然问我："爸爸，你小时候有没有打过架？"我笑着回答："没有。"正如我预料的，妈妈在一旁瞪了我一眼，说："怎么会没有！"

我解释："真的没有打过架，只有打人和被打，对方人比较多就被打，我们人比较多就打人。我因为练过短跑，跑得快，所以，被打的时候少一些。"

虽然少，但绝对不是没有。例如有一次，从行天宫图书馆出来，要走路回家，冤家路窄，竟然就在长庚医院旁边碰到三个大同中学的学生。我来不及跑，硬是被堵在医院后面的垃圾桶边，书包被扯掉了。一个家伙跳起来用脚踹我的肚子，另一个打我耳光，还好我赶紧先摘掉了眼镜。前后大概只有一两分钟吧，他们口里叫着："新兴中学的，嚣张什么？打死你！"旁边店家有人出声喊："干什么！"声音很大，那三个人吓了一跳，本能地就散开了。

还好，打得不算严重，可是接下来回家的路上，我的身体一直在发抖，抖得很厉害，而且总觉得下一秒钟，那三个人就会再窜出来堵住我，短短一段路，却好像怎么走都走不到头。

事实上，我后来收了心，不再参与这种打来打去的事，很大一部分原因就是因为我自己被打过，一直记得被打的感觉。那种恐惧害怕，就算换成是我们打别人，我都很难从中得到什么快乐，我会从被打之人的表情动作，回想起自己被打的经历，原来我也是那么可怜、那么悲惨的。

那一点也不好玩。如果不好玩、没有乐趣，干吗要继续做这种事呢？打人或被打，都没有什么英勇的，生活中确实如此，并没有想象中那种打架就为打个输赢的豪气。当我们动手时，通常早就知道谁输谁赢了；如果双方势均力敌，不晓得会是谁打人谁被打，反而不太容易打得起来。

这就是为什么我坚持说"没有打过架，只有打人和被打"的原因。打人的时候很容易觉得自己英勇得很，还可以把各种不如意的感觉发泄出来，是很有吸引力的。但如果立场倒过来，换成被打，那就不好玩了，不只是被打的时候不好玩，甚至就连打人这件事也变得不好玩了。

最爱打人的人，是那种没有被打过的人。因为他们还没有机会了解打人时对方的感受，所以，打得很起劲，还能从中得到乐趣。

我很庆幸，打人和被打这两种的感觉我都尝过。我明白为什么会想打人、欺负人，我更明白被打、被欺负时有多痛苦。一个要打人的人，出手时如果会想到被打之人的感觉，他八成就下不了手了，这是我自己得到的教训。

这就是一个人能够设身处地，站在对方的立场着想的重要性。为什么我经常问你，讲这样的话，你想过听话的人会怎么想吗？做这样的事，你可以体会对方的感受吗？

这对我来说是再重要不过的、能够指导我们在生活上少犯错的原则。

如果人人都理解你,你该有多普通

文 | 摆渡人

在我早期的记忆里,模模糊糊有这样一件事情。

我们整个家族的人都坐在一起吃饭,饭桌中间放着一只大碗。

饭桌上很热闹,小孩子们一人一根鸡腿吃得开心。忽然,我看到在一旁的厨房里,奶奶还在烟雾缭绕中忙碌着。我想,要是我们把鸡腿吃光了,奶奶不就没得吃了吗?

我担心地看了看大碗,问:"鸡腿还有没有?都吃光了吗?"

妈妈看到我眼巴巴的样子感到很丢脸,说:"一只鸡腿还不够你吃的吗?"

我当时感到委屈极了,被人误会的滋味当然不好受,可是有时候,被人误会也是一种荣幸。

比如,对一个还没桌子高的小孩子来说,居然想到留一只鸡腿给奶奶。

"人不'中二'枉少年",我们班曾经也是"中二病"集中爆发的地方。

初中二年级,我们积极使用自己刚冒出来的主见,开始对周围的事物评头论足,好像什么都很明白的样子。

班长大人成了我们的假想敌,我们有一万个理由集体讨厌他！

明明是大家轮流擦黑板，他偏要在老师的眼皮子底下抢着把黑板擦了。

而且，他还表现得很爱学习，学习这么枯燥的事情，怎么会有人喜欢？

最让人难以忍受的是，我们的一举一动都逃不过老师的法眼，打小报告的除了他还会是哪个？"卖友求荣当汉奸"，真是受够他了！

可是无论是窃窃私语还是冷嘲热讽，都没有动摇班长的拍马屁精神。

出于嫉妒和讨厌，我们决定给他一个小小的教训。某天，趁着班长不在，我们在他的习题册上涂了一层蜡油，蜡油很薄，看是看不出来的，可你要想在上面写个字，那比登天还难。

这下班长可当不了乖宝贝啦，因为在这本被施加了魔法的习题册上，他不可能完成作业。

第二天，我们等着班长出丑，也等着他来算账。

结果一切风平浪静，他把答案写在白纸上，把纸裁成一小块一小块，贴在练习册的相应位置，一句话也没多说。

班长哪里是一个有心机的人，他爱学习也不是装的。

他之所以被我们误会，是因为在我们都"病"了的时候，他没病。

人们总是希望被所有的人理解，希望别人能懂自己，可是如果所有的人都理解你、懂你了，你的个性在哪里凸显呢？不被理解，不是你在某一方面太出格，很可能是你在某一方面太出色。

如果人人都理解你，你该是有多普通啊。如果你不甘于平庸，那就接受那份不被理解吧！

许多想做的事

文 | 李松蔚

　　一个学生告诉我:"我渴望放假。我有许多想做的事,只是没有时间。"

　　"你想做什么事?"我问他。

　　"太多了。我想学一些技能,还想看好多书。可以出门旅行,有很多想去的地方。待在宿舍也很好,就算什么都不做,硬盘里攒的电影也够看一年的了。"

　　我说:"哇,你有这么多想做的事,从哪一件开始呢?"

　　他说:"哪一件都可以,但是没有时间。"

　　"假设奇迹出现,你有了无限的时间呢?"我问,"总要先从一件事开始。"

　　"无限的时间……噢,"我注意到他的眼睛亮了一下,但那光芒迅速又暗淡了下去,他看起来开始烦恼、纠结,"先做哪一件呢?感觉也没什么差别,是啊,总要选一个的。"

　　他沉吟了一小会儿,说:"我想先出去旅行吧。"

　　"想去的第一个地方是哪里?"我不依不饶地问。

　　他摇了摇头,说:"想这种事情有意义吗?我又不可能真有时间。"

"想一想嘛，"我说，"我知道这只是一个假设。"

"好吧。"他勉为其难地想了想，最后还是摇头，"可是我也没那么多钱。如果有钱又有时间，我倒是想去欧洲，把每个国家玩一遍。但这种空想有什么意义？"

"去欧洲的话，你会从哪一个国家开始？"我还是同样的问法。

我注意到，他在讲自己的愿望时，常常会用一种很模糊的说法，目标是以集合的状态出现的，而不是排好顺序地一个接一个。"一些技能""好多书""每一个国家"，这些说法对于他似乎有特别的重要性。一方面愿望很强烈，另一方面这些愿望永远不会被提上日程。

他有点儿恼怒地说："这么问下去是干什么？我也不可能真有钱！"

他用预算来限制思考。我换了一种问法："按你现在的预算，你可以去哪儿？"

他苦笑了一下，说："哪儿都去不了，只能在北京城里逛逛。"

"北京城里有你特别想去的地方吗？"

"也有，很多地方都想去。"他还是那种回答。

"第一个想去的地方是哪里？"

他陷入了沉默，两只手不安地合在一起，脸色也凝重起来，似乎意识到这个问题不容回避。过了好几分钟，他小声地开口说："我不知道，我从来没想过这个问题……"然后，他抬头看我的脸色，用一种询问的语气说："去……去玉渊潭公园看樱花，算不算？"

他的脑子里有那么多的想法，但是从一开始谈话到现在，经过十几分钟的纠结和躲闪，才能说出一个具体的目标。那个目标就好像刚刚诞生在他的脑子里，头一次被捕捉到，以至于他用了一种相当不确定的语气。我说："你似乎对这个答案没什么信心。"

他说："嗯，我不知道这算不算第一个想去的地方。"

我问他："你是怎么想到玉渊潭的？"

他挠了挠头，说："几个同学前几天刚去过，我在赶作业，就没去。但我觉得这个季节应该去，如果再等花就谢了。主要就是有花吧，我也说不清那里还有什么特别的。可能还有其他更想去的地方，我一时没想到。想到的那些好像也没什么差别……"

一个缺乏底气的答案，然而这才是他的真实答案。在这之前，他以为有很多美好的想法，那些想法之所以美好，是因为它们还只是"想法"而已。不费力气地想一想，一个人足以在头脑中游历全世界，足以做成一切事，成就一切美好的可能，"没有时间"就是最好的堡垒。一旦这个堡垒被攻破，里面的种种美好就必须接受现实的风化。他经历了一系列排除法，花了很长时间。不是没想法，而是想法太多，但哪一个都不如以前的光彩照人了。

理所当然，第二次咨询时他告诉我，他去了玉渊潭。再怎么没时间，也不至于连去一趟公园的时间都没有。事实上，我们上午谈完话，中午吃过饭他就去了。"比想象中失望。"他说，"全是人，到处逛了一通，没什么意思。"这很好，起码他失望过了。我问："第二件想做的事是什么？"他笑了，这次回答得相当确定："我想去看一场话剧。"

"许多想做的事"是一种最常见的防御，让人自以为充满了目标。这就是为什么很多人永远在抱怨"没有时间"。你永远没办法找到足够的时间，完成许多事情。所以，有许多想做的事，大约等于什么都不想做；只有在想如何具体地做一件事时，才是真的想做这件事。

你以为你在"合群",其实只是被平庸同化

文 | 寺主人

"不合群"带来的压力可能会改变你的很多行为,小到你的穿衣风格,大到你的事业发展。

记得我还在上小学的时候,老爸去意大利出差,给我买了一双手工小皮鞋。现在想起来,那双小皮鞋无论款式、做工还是皮质,都特别好。

我生长的地方是一个位于城乡接合部的国企大院,那时候不要说出国的人很少,连商场都没有,衣服和鞋都是在农贸市场买的。

那段时间,小女孩除了喜欢穿小白鞋,还流行穿一种亮晶晶的粉色漆皮鞋,模仿成年人的鞋而设计的略圆的尖头,鞋上装饰着很多塑料珠子,还有一点小鞋跟。那时候谁穿着这种鞋,简直就是时尚达人了。我爸给我买的那双手工鞋,是纯牛皮的,鞋底既厚实又柔软,鞋带是深褐色的,圆鞋头有些棱角,没有任何装饰。

我拿到那双鞋的时候特别开心,觉得好看极了,而且那时候没有人穿过这种鞋,有一种别致的感觉。第二天我就高高兴兴地穿着它去上学了。

结果到了学校以后，其他女生发现我穿的既不是小白鞋，也不是粉色漆皮鞋，而是一双她们从来没有见过的鞋子，就忍不住开始"吐槽"："丑死了，都不是漆皮的！"

"鞋头好方啊，你爸买成男生穿的鞋了吧。"

随着班里的两个"意见领袖"的"吐槽"，其他女生也加入笑话我的鞋子的队伍里来了。

现在想来，她们其实没有恶意，也就是小孩子更喜欢夸张地表达自己的喜好，更喜欢起哄。

但我遭到嘲笑后，不管爸妈怎么劝，死活再也不肯穿那双小皮鞋了，甚至连自己都觉得那双鞋丑丑的，一点儿也不好看。

直到很多年以后开始流行复古，我才突然想起自己小时候的那双手工小皮鞋，那样的款式和做工，可能很难再找到了，而我的脚已经大到不能穿那双鞋了。

我这种行为可能是大部分人都曾有过的，在受到外界压力的情况下，很容易就放弃自己的偏好和想法，和周围的人趋同，从而减少"不合群"带来的不适感。和我截然不同，我认识的另一位姑娘遇到类似的情况时，却有着不同的解决办法。

她生长的地理环境比我的更偏僻。读高中的时候，她偶然在旧书店看到了一本《西方哲学史》，出于好奇，顺手翻了一下，就被吸引了，于是她陷入了对哲学欲罢不能的喜爱中，用零花钱接二连三买了《苏格拉底的申辩》《谈谈方法》之类的书，课余的时候经常拿出来看。

"哟！你还看哲学书哦，哲学家哦，啧啧啧……"这是她一开始听到最多的话，甚至有人开始给她起外号叫"破拉图"。

她并没有像我一样被人笑话后就止步不前，而是每次有人这么说的时候，她就嘻嘻地笑着说："对啊，就是哲学家啊，我是不是很厉害啊，羡慕吗？"然后依然看她的书。

很快，别人也就不再嘲笑她了，她依然会被叫作"破拉图"，但她并不在意。

就像一个传统的励志故事一样，她后来考入一所著名院校的哲学专业，一路第一名，被公派留学去读哲学博士了。

我相信按照她的性格，不一定会成为"破拉图"，但一定会在哲学领域留下一些与众不同的东西。

从众很容易，所以大部分人是平庸的。

古文里也翻来覆去在讲这个道理，学的时候背得很熟，遇到情况却又忘记了。

"道不同，不相为谋。"如果觉得自己在某方面的成长速度已经超过周围的人，那就赶紧努力，换个环境，去找和自己志同道合的人，才是解决这种"不合群"问题的唯一办法。

以礼相待，客客气气，足够了。

别人并不会因为你和他们相同而加深与你的友谊，即使有，这样得来的所谓友谊，我真的觉得不要也罢。

"人各有志，不能强求。"自己喜欢什么，没必要非得推荐给别人，也不要期望别人能够理解甚至喜欢。

你以为自己在分享，别人以为你在炫耀。

"燕雀安知鸿鹄之志"，自己在做什么，如果你坚信它是对的、是好的，不管别人如何嘲笑，不要轻易放弃，也用不着争辩什么。

有时你以为你在合群，其实只是在被平庸同化。

平庸没有错，但可能这并不是你想要的人生。

有一种温柔是你什么也不要做

文 | 弥 生

那一天，站在我面前的是一个愤世嫉俗的女孩：头发染得金黄，耳朵上挂着4只耳环，眼圈和睫毛都涂得黑黑的，浑身散发出烟草的味道，胳膊上的两处刀伤虽已愈合，疤痕却仍然清晰可见，短裤上破着几个洞，鞋子的鞋跟有12厘米高，一副任你剐、任你宰的模样。

我看着她，无法相信这就是那个曾被我牵着柔软的小手、喜欢小兔和小鸟、一边追着花丛中飞舞的蝴蝶一边用稚嫩的童声念着"春眠不觉晓，处处闻啼鸟"的小女孩；我无法相信这就是那个认为自己是护士、把冰袋敷在我发热的额头上、自己在旁边打着盹儿守候的小姑娘；我无法相信这就是那个用标准、动听的英文打动主考老师，被特别保送进日本最好的高中的少女；我无法相信这就是那个在学校秋季运动会上，指挥一年级新生为选手加油的啦啦队的漂亮领队。

我感觉自己瞬间崩溃，却不知道该如何开口。"你不要逼我回学校，不然我马上离家出走！那个什么老师，他嫌我数学成绩不好，在全班同学面前嘲笑我，说我是英语特长生，所以数学、物理成绩必定不好。他有权力这样说吗？就因为他是老师，他就可以蔑视我吗？高中有什么了不起？不许打扮，不许抽烟，不许这样，不许那样，我还就想这样了！"她的眉毛立着，眼睛里满是挑战和轻蔑。

我完全没有思想准备。那天她离家去学校，说放学后直接去打工，我也没太在意。在日本，每周两天去便利店做4个小时的钟点工是大多数高中生的社会实践，不足为奇。谁知，那天之后她没有回家，还关掉了手机。我求助于警察，警察却见怪不怪，说这个年龄段的孩子大多比较神经质，或许她只是一时半会儿不想回家，不用太在意。谁能想到她这一走竟是两周。两周后我再见到她时，她已是这副模样。

她甩开我想要拉住她的手，用重重的关门声把我隔在她的世界之外。窗外，雨夹着雪冰冷地落下，我的心开始疼痛。一个16岁的花季少女，把自己伤成这般模样已足够让人心痛了，但更让人心痛的是，她自己竟全然不觉。女儿，你把自己的心门关上了，我该怎么做才能把它打开呢？

我能做的，除了用爱守候，还有什么？孩子不是父母的私有物，而是一个独立的人，父母必须尊重他的想法，即使有时候他的想法是不正确的。日语里有这样一句话："有一种温柔是你什么也不要做。"而我在那时，的确是什么都不能做。时间在失眠和寒冷的冬季里走得很慢。虽慢，但还是过去了。后来，我帮她转了学，她在那里待到高中毕业。我终于知道，有些时候，即使大家都认为好的地方，对于正处于某个成长阶段的某个孩子来说，也可能是地狱。

今年的母亲节，女儿送给我一块手表。她说："你需要手表，我需要时间。"其实，我何尝不需要时间？时间会让很多急躁和焦虑沉淀下去，浮起来的则是新的感觉。

女儿已经长大，正在努力学习中文，准备考中文方向的研究生。我知道她仍会为新的问题或事情而烦恼，但我不再担心。我知道，她有自己的人生之路，不管这条路是平坦还是坎坷，都要靠她自己去走。

我看着她的时候，内心是柔软的，脸上充满淡定、温和的神情。

谁动了我的少女时代

文 | 杨熹文

第一次看欧美校园电影的时候,我深深地被国外高中生的装扮震撼了:十五六岁的女孩子,披着一头长发,可以化淡妆,可以穿短裙,放学后坐在男友的汽车里去兜风,不必只将时间花在自习室。后来在电视上看到日本高中的新闻,看着那些穿着校服裙子的女孩子,也不由得心生羡慕,她们露出纤细的脚踝,头发别着粉红的发卡,可以抽得出时间给暗恋的人做便当,也可以准备情人节巧克力。后来看泰国的青春片,看台湾的青春片,再后来出国,真的遇见美国人、日本人、泰国人,讨论到校园时代的时候,才发现,大家十六七岁的青春时代,快乐似乎是唯一的主题,没有什么成功的概念。而我作为一个典型的中国女孩子,在这场有关青春的对话里成了一个哑巴,因为除了那些写不完的习题册和模拟题,我实在想不起自己经历过什么少女时代。

我 16 岁入读高中时,就读的是一所省重点高中,学校秉持着非常严肃的教育理念。校长在开学典礼的那一天就明确地宣布,"我们学校实施军事化管理",于是我们把一套墨绿色的军装当成校服,就这样穿了整整 3 年。有的时候提早放学回家,路上会遇到别的学校的学生,他们一副交头接耳憋住笑的模样,不细听就知道是在嘲笑我们的校服。当时觉得自卑无比，恨不得把头埋进口袋里，然而现在想一想，他们的校服也好不到哪里去。那时中国绝大部分的高中校服，都是一身肥大的运动装，把青春姣好的曲线遮盖得严严实实。起风的时候，人人的校服裤子兜着风，像一面面滑稽的旗帜，除了那一张张细嫩的脸蛋，你看不到有关青春的任何痕迹。

我读书时一直是个非常普通的少女，微胖、懂事、用功读书。我的世界简单、纯净，每天家和学校两点一线，放学准时回家，无须操心家务，饭菜、水果、零食都由爸妈安排，周末在家中写作业、复习功课，几乎从没有和朋友去逛过街或看过电影。所以在我十六七岁的时候，生活里最糟糕的事情就是考试考砸，我的肩上只有升学的压力，单一，却沉重。有很多次我因为考了难看的分数而在课堂上大哭，它让我有了过强的好胜心，还有不该有的嫉妒心。我把我的青春过得难看，又或者我从未拥有过青春。

所以可想而知，当我在看《我的少女时代》的时候，尽管几度大哭大笑，却没办法和这些情节产生任何共鸣。我常常和曾经一同读书的朋友开玩笑，在台湾校园电影中，满足少女时代的因素是这样的：班草、暗恋、娃娃音；而在我的现实生活中，毁掉我的少女时代的因素却是这样的：军校服、班主任和东北话。

我的整个高中生活，如今回忆起来，都觉得自己一路都在小跑，高一时学校教高二的课程，高二时读高三的课程，而整个高三，更是把自己埋在题海战术里。我的书包重到9千克，眼睛近视到500多度，我的额头上是上火的青春痘，身上贴着爸妈滋补过度的脂肪。学校像是一间巨大的监狱，MP3是被禁止的，手机也是被禁止的，我们进校门要鞠90度的躬，女生不能披长发、不能留刘海、更不能用发卡。我们的班主任会在自习课偷偷在后门的小窗口监察，我们每周至少会进行3次模拟考试，我们的黑板上每一天都更新着"距高考还有××天"的字样。

就像《我的少女时代》里说的那样，我们的初恋，注定会输给像陶敏敏那样的女孩。在我们普通人的高中生活里，连青春都只属于像"陶敏敏"那样漂亮的女孩子。我记得当年的班花，会收到男孩子的情书，会巧妙地隐藏起自己新扎的耳洞不让校领导发现，她所拥有的生活，是我无法调到的频道。对于普通的我来说，我一度觉得，如果成绩不理想，那我在接下来的人生就一定会成为一个非常失败的人。所以我非常害怕，高三那一整年，18岁的我，早晨5点钟起床背英文单词，晚上做数学模拟卷到12点。这样的青春里，充满疲倦，缺少热爱，没有激情，一直在努力，却不知道为什么要这么努力。

于是这样的3年，再回首时，发现自己怀念的，除了一起放学回家的朋友，剩下的就只有门口午饭时水泄不通的小吃一条街。那里才是能够安慰我孤独的好去处。午休的40分钟，1块钱10串的豆腐皮，3块钱一大碗分量十足的豆芽炒面，2块钱一小盒的寿司还配了辣酱，甜甜的担担面和炸鸡柳，烤玉米，甘梅地瓜，珍珠奶茶……我总能在拥挤的小摊面前迅速找到美食，用狼吞虎咽的方式去表达我对生活的热爱。

十年过去，看到《我的少女时代》这样一部祭奠青春的电影，丑丑的女主角和坏小子成为朋友，在电影的结尾，坏小子带女主角去练习溜冰。

坏小子说："告诉你不要摔倒的秘诀是什么。"

女主角："什么？"

坏小子："不要怕摔倒。"

女主角张开双臂，有一瞬间的滑行是畅快的，结果还是不小心摔了个趔趄，坏小子跑到她前面，看着她的眼睛说："最惨就是摔倒而已，要知道你为什么来这里。"

　　这大概是对青春最好的总结，青春就是无怨无悔地摔倒，为了喜欢的人和喜欢的事，受了伤也不觉得可惜和难过。我总是觉得，和我同龄的中国女孩子，我们的人生中都缺失了一个非常重要的部分，那就是少女时代。我们拼命地读书，拼命地超越别人，却在长大后发现，那一年为了复习功课而错过的演唱会，为了试卷上粗心丢失的一分而难过地痛哭，其实并没有对我们现在的人生造成多么大的影响。

　　我想，我如今能做的，就是不断地提醒自己，如果有一天我有了孩子，第一件事就是要告诉他（她）："孩子，如果有一天我变成让你失望的大人，和别人的妈妈一样逼你弹琴、写字、考试成为第一名，请你自己千万记得，你会长大，你会拥有一段美妙的青春，尽情地去做你爱的事，去爱你爱的人，别怕摔跤，别怕受伤，别怕失败，因为人啊，从来都不会千篇一律地长大。"

在父母眼皮底下恋爱，是什么体验

文 | 加州魔豆

一天，小姨心急火燎地给我打电话，要我跟她一起去堵 16 岁的女儿。因为一个月前，小姨发现她女儿早恋了，一顿批评教育后，女儿答应分手。但小姨不信，又是翻书包又是看手机又是跟踪的，想尽办法阻止，到最后小姑娘就硬杠上了，坚决不分手。

小姨的表现，和大多数孩子早恋的家长大同小异，先劝说后警告，道理也都差不多，中学期间绝对不能谈恋爱！等到发现孩子真恋爱了，感觉天要塌了，苦口婆心劝说不成，就命令威胁，再不成就强行干涉。

与中国家长相比，美国家长在对待孩子早恋这件事情上就显得淡定得多。他们觉得这是一份美好的憧憬，跟掉牙、换牙一样，是孩子成长过程中一件再自然不过的事情。

所以，他们会让孩子在自己眼皮底下恋爱，并给予孩子引导和建议，从而帮助他们树立正确的爱情观。

我有一段时间租住在美国朋友鲍比夫妇家里。他们的女儿 16 岁，儿子 12 岁。一天，儿子对鲍比说："我喜欢上了班上一个女孩，想跟她表白，但是如果她拒绝怎么办？"听到这话时我诧异极了，想听听鲍比会怎么回答。没想到他高兴地放下手中的报纸，对儿子说："哇，太好了！你有了喜欢的女孩！我很好奇，是什么样的女孩吸引了你呢？"儿子红着脸说："我也不知道，就是感觉很喜欢。"鲍比接过儿子的话说："我知道，这是一种非常美好的感觉，你看见她就会心跳，看不见她就会很想念，对吗？"鲍比答道："是的，好像就是这种感觉。"

鲍比兴奋地跟儿子分享了他12岁时的恋爱故事，然后鼓励儿子："如果你确定，就可以勇敢地告诉她你对她的感受。"儿子点点头，说："好吧，不管她是否接受，我都要说出来！"然后他背着书包上学去了。事后，我忍不住对鲍比说："中国大部分家长听到12岁的孩子要去表白，一定先是紧张害怕，然后加以阻挠。为什么你会支持孩子呢？"鲍比笑着说："在情窦初开的年纪，遇到一个喜欢的人是一件很幸运的事。作为父亲，我有义务帮助儿子学习怎么和女孩子打交道，如何好好地恋爱。其实，他能告诉我，我真的挺高兴！"

一个星期后，儿子带着他的女朋友回家了，鲍比夫妇热情地接待了小姑娘。儿子和女朋友回到房间，一起写作业、玩游戏、看电视。鲍比夫妇也不问东问西，只是要求两人的房门要开着。后来一对小情侣要出去看电影，鲍比欣然应允，只是要求儿子晚上8点前一定要回家。

在美国，几乎有超过一半的父母认为，孩子超过16岁就可以独自出门约会，如果孩子到了这个年纪还没有异性朋友，父母反而会担心，甚至会牵线搭桥帮孩子去结交异性朋友。

最好的教育和爱，是让孩子自己去触摸、体验这个世界，这样他们才会懂得幸福与眼泪的真正滋味，从而拥有爱的能力，成为更好的自己。

早恋是灾难吗

文 | 刘墉

这里有两件有关早恋的事儿。

几年前,我应某电视台的邀请,上了一个著名的谈话节目。为了慎重,制作组特别到旅馆跟我讨论节目内容。因为节目的主题是中学生早恋,所以我先发表了一番自己的看法。只见制作人频频点头,十分赞同的样子。但是在临走时,他突然有些不好意思地说:"刘先生,拜托您上节目的时候说得保留一些,别表示您不反对中学生交异性朋友。"我听了一笑,说:"可以啊!但是我私下请问你,你中学时有没有交过女朋友?"

制作人迟疑了一下,笑着说:"有。"

第二个故事是这样的。我高中的时候,母亲管得很严,为了防止我交女朋友,她在门旁树下放了一把竹扫帚,说:"哪个女生来找我儿子,我就把她打出去。"问题是,我母亲生在清朝,缠过小脚,跑不快,女生来,她连脸都没看清,人家早就跑得不见影儿了。这下子,我母亲改了,放话出去:"哪个女生来找我儿子,我不打她,打我儿子。"

在她的严密监控之下,我总算平平安安考上大学。发榜当天,我母亲一边感谢上帝,一边说:"快!妈带你去做两套西装!

快交个女朋友。"又强调："瞧瞧！你李妈妈比我小十岁，人家早抱上孙子了！"

结果，交女朋友，给我母亲抱孙子，成了我上大学的重要任务，所以别怪我在大学就结了婚。

谈到大学，让我想起十年前。有一次，我去一所大学演讲，在接受大家提问的时候，有学生问："刘老师，请谈谈您对大学生谈恋爱的看法。"

我当时一愣，笑道："大学生恋爱跟一般人恋爱不一样吗？"整个会场立刻笑成一片，接着响起如雷般的掌声。

是啊，大学生是人，高中生是人，进入社会的男男女女也是人，为什么认为大学生谈恋爱特殊呢？

当然这也难怪，否则我母亲为什么在我高中时候那么严密管控我交女朋友，却在考上大学的那一刻突然"解禁"了。天哪！因为考上大学，就一切都变了！在那之前女生是"毒蛇猛兽"，在那之后女生就成了美女天仙，可见大学生谈恋爱就是不一样。严格一点来说，不应该讲女生是"毒蛇猛兽"，应该讲，对许多中国父母而言，只要是孩子在中学交的异性朋友，尤其爱上的，都可以称为"毒蛇猛兽"。因为孩子一碰上那"祸山"或"祸水"，前途就断送了，保证功课一落千丈，掉进万劫不复的深渊。在中国这么说，也不全错！因为处处可见原本功课很好的优秀学生，突然变了样，八成交了异性朋友，谈了恋爱，可见早恋确实可怕。

问题是，为什么早恋在西方世界没这么可怕呢？我只见四周的美国朋友，带着儿女给他们的异性朋友买生日礼物、情人节卡片，甚至开车接送出去约会的孩子。在美国待过的人一定知道，美国高中生到了十一年级和十二年级，可麻烦了！他们有所谓 prom 的毕业舞会，到时候不但男生女生得穿晚礼服，讲究的还租礼车，一副要结婚的样子。更麻烦的是，他们得早早地物色当天晚上的"另一半"。我就曾经听女儿跟她妈妈讨论，哪个男生好,身高配不配,当天要到哪里去做头发、化妆……

东西方文化为什么有这么大的差异啊?在中国父母眼中的"毒蛇猛兽",为什么到了西方,就成了受欢迎的好舞伴?他们难道不知道这样会引狼入室、把自己孩子带坏吗?

我曾经问我女儿这件事。小丫头倒很客观,说据她看,交异性朋友的同学,功课确实会受影响,还举出好几个例子给我听:"那影响是当然的。你想嘛,半夜三更还在外面约会,冬天挨冻,夏天喂蚊子,进家门之后,还急着打电话、上网,一整晚都可能抱着手机,躺在床上聊,功课能不退步吗?"

只是我女儿又说了,交异性朋友对西方孩子的影响,好像不及东方的大。因为西方家庭从小就不太管这些事,于是一群男孩和女孩在一起,由小玩到大,就算早恋,也是从一知半解开始。最初似懂非懂,好像初恋,又不是初恋,就算失恋了,也不会怎么心碎。等到再交第二个、第三个,几乎已经对恋爱这种疾病免疫了。

洋人的观念确实新鲜,你信不信?我儿子上高中的时候,美国邻居还对我太太说,让儿子多交几个女朋友,红黄黑白褐都可以,反正成不了,也能让他多一些经历,免得没见过几个女生,后来碰上一个,管她好的坏的,就认定那个了。

我女儿上高中之后也一样。居然有朋友要我太太劝劝女儿别太挑,回头好男生都被人先抢走了,又说总关在家里的乖女生反而害怕外面的坏男生。道理跟洋人说的一样,她们会缺乏异性免疫力。

这话也有理,因为在我接触的美国家庭里,没见到哪家真正因为孩子交异性朋友而出大问题的,反倒听说不少中国家庭的亲子为早恋的问题而大动干戈。我儿子高中也交了几个女朋友，他还把这件事情甚至女朋友的照片登在他的书里，后来不是也进了哈佛大学吗？

  我记得最清楚的是，当他高中交女朋友，整晚不念书打电话的时候，我骂他，他居然说把我的电话费还我，在大雪天冲出去打公用电话。我还为此在《肯定自己》这本书里写了一篇《雪地上的脚印》，告诉他那天我和他妈妈站在门前落了雪的台阶上，看他的背影消失在纷飞的大雪中的情形。

  你知道这事后来是怎么落幕的吗？第一，我接受了西方的观念，放手了。第二，是我儿子说了一句话，我觉得有理，他说："如果我一天打八个钟头的电话，照样拿全 A 的成绩，跟我不打电话，好像很用功，却拿一堆 C 和 F，哪个好？"

为什么越乖的孩子
路走得越艰难

文 | 油炸绿番茄

这一年我接触了十几个不幸福的女读者,她们来找我倾诉,开场白总是惊人地相似:"从小到大,我就是那种典型的乖乖女。"

如果乖的层面只停留在得体、有教养、尊重他人,那么乖孩子的确是完美的范本、教育的目标。不过可惜的是,更多的父母对乖孩子的标准要求是安静、顺从,甚至对长辈言听计从,从不给家里添麻烦。

这类孩子最大的"优点"就是"省心",不顶嘴、不抬杠,家长绝不会担心放学被老师留下,考大学、挑专业、选工作全听你安排,甚至嫁人都是你亲自把关过的。你摇头的事,他们绝不敢提第二次。

孩子太乖太懂事,甚至连叛逆期都没有过,真的是一件好事吗?当然不是。

人一生会有两次叛逆期,一次是幼儿期叛逆,一次是青春期叛逆。

处在两个叛逆期的孩子都会出现成长和发展的超前意识,第一叛逆期的儿童具有"长大感",第二叛逆期的少年具有"成人感"。

一次是从身体上觉得自己长大了,一次是从心理上觉得自己独立了。第一次叛逆让孩子学会对自己身体的掌控,第二次叛逆让孩子拥有独立的人格和思维能力。

叛逆期的孩子,可能会做出很多"出格"的事情。你需要做的不是否定孩子的叛逆,而是聚焦叛逆期出现的不良行为,并加以纠正引导。有些家长不能正视叛逆现象,毫不掩饰地表达失望:"你以前很乖的,现在怎么变成了这个样子?"这才是对孩子最大的伤害。

叛逆期不是洪水猛兽,而是成长的必经阶段。

孩子叛逆是因为他们想成为大人,想要证明自己,追求和大人一样的平等、独立和被重视。只有经历过迷茫、冲动、挣扎、反抗,才能成长。

再回首,我们甚至会讨厌那个时期的自己,没钱又没脑,空有一腔热血,但也正是曾经的那个"我",成全了今天的这个"我"。叛逆是茧,破茧才能成蝶。一个孩子跳过了叛逆的阶段,就失去了真正成长成熟的机会,早熟的人最晚熟。

乖孩子的养成大概分两类。第一类是被强行纠正的。当孩子想要一件在父母看来不应该得到的东西时,多少父母是用暴力解决问题的?不服气,一巴掌抽过去。还不改?再来一巴掌。这是最传统的中国式教育。棍棒底下出的不是孝子,是顺子。恭喜你,成功培养出了"乖孩子"。

蒙台梭利女士就曾经专门写过文章:

如果孩子们给你的回应是愤怒、反抗,结果反而更好一些,至少表示他们已经具备了自我保护的能力,今后的发展也许就会很正常。可如果他们以改变性格或非正常的方式来回应,就可能是受到了比较严重的创伤。

这类孩子长大后往往畏惧权威,胆小怕事,缺少反抗能力,习惯性取悦讨好别人，心理承受能力很弱。

《芳华》里的何小萍就是典型，她在家被欺负，到了部队被排挤，但是不敢发声，不敢反抗。她顺从了20多年，后来突然被树立成了英雄，精神世界一下子崩塌了。

第二类是从小被忽视的。这样的孩子天生安静、迟缓、守纪律，喜欢默默待在角落，不擅长表达自己的内心。他们是最容易与家长和老师建立良好互动关系的对象，但他们的感情需求最容易被忽视，使得其内心的冲突得不到关注与解决，更容易导致心理问题。

可是偏偏对这些"省心"的孩子，老师和家长却浑然不觉，甚至以此为傲。

上海"冰箱藏尸案"轰动一时，朱晓东将妻子杨丽萍杀死，残忍地将其分尸并藏匿于冰箱中超过3个月。杨丽萍就是这样一个乖乖女，安静温顺，没和谁大声说过话，也没和谁红过脸，受了委屈就自己躲起来偷偷地哭。

朱晓东是个不折不扣的人渣，花心、冷漠、无情，没有正式工作，但是长得帅，会玩音乐，养冷血动物。这样的人设看上去是不是特别眼熟？没错，这不就是最受青春期女孩欢迎的男生类型吗？十五六岁的少女，心中总有些坏男孩情结。

这类男性踏入社会后并不会太受欢迎，因为我们有了更成熟的择偶观，男人的责任感是比皮囊重要得多的东西。但是杨丽萍的爱情观显然仍停留在小女孩时期，因为她从来没有真正长大过，她内心对独立和自由的向往被严重压抑了，这样的坏男人对她有着致命的吸引力。

看到这个新闻的时候，我特别难过，多漂亮的女孩啊，工作也出色，曾经是学校里的优秀老师，原本应该有大好的前程。她的父母大概就是对女儿太放心了，才没能从女儿的神态里捕捉到她婚姻不幸的蛛丝马迹，才会发生不见女儿3个月之久还没有警觉的事。

不怕孩子调皮叛逆，就怕他太乖。教育决不能够"会哭的孩子有奶吃"，越乖的孩子越不容忽视，要给他们充分表达的空间，鼓励他们打开内心世界，拥有独立的人格。

我很乖，不代表我不需要被爱。每一个乖孩子的内心，都有一个被困住的灵魂等待你去解救。

孩子，你不可以坏，但是千万别太乖。

穷养的女孩
和富养女孩的区别在哪儿

文 | 张佳玮

我认识4个年龄相仿的女孩：甲出身于中产技术干部家庭，乙出身于律师家庭，丙出身于实业家家庭，丁出身于大商人家庭。

4家的家产是递增的，即这4个女孩的富养程度也该是递增的。

在经济上，甲最穷养，乙好一些，丙更好一点，丁最富养。

在情感上，甲的父母待甲最严酷，严酷到外人冤枉了甲，父母会给外人帮腔，全然不顾甲的感受。

乙的父母各自忙事，不太在意对女儿的教育。

丙的父母从小宠爱女儿，对女儿的关怀无微不至。

丁的家庭就是普通的和睦家庭。

也就是说，情感上的宠溺程度，丙大于丁大于乙大于甲。

后来怎么样了？

甲上了大学离开家，跟父母的关系半断，在生活上很缺乏安全感，但惊人地独立自强。父母说起来她，就是："给家里省心。"

乙的父母离婚，母亲另嫁，乙跟了父亲后，强迫父亲不许另寻女朋友，甚至在一群人面前对父亲说："你找别的女人可以，但你要搬出去，这个家里的东西，我不许野女人碰。"身为律师的父亲喝醉之后曾跟我们感叹："我还没死呢，她就指望我滚蛋了！"

丙因为家人对她骄纵宠溺，初中时谈恋爱被老师批评，在办公室里打老师。在当地待得不顺，去了美国西海岸，每天都在念叨"想回家，不想留在这里，想回家"。

丁性格平衡，多少有些小姐脾气，这也正常。经过一次失恋后，变得比以前更现实。

当然，现在她们都还年轻，都处于人生的初级阶段。

但只按单个样本来看，富养和穷养并没有十足的等式可言。

一般说法认为，少年时缺什么，长大后就会更在意什么。所以，穷养的女孩子长大后会更贪慕物质，缺爱的女孩子长大后会更贪慕温情。

但这个等式有些机械了。人的际遇是复杂多变的，家庭教育也不仅仅是简单的物质或温情播撒。女孩子在成年前的十几年里，所经历的各种事情都可能改变她们的视野、逻辑与思维方式。

乙和甲曾经当着我的面交流过。乙说因为从小和她关系好的姐妹们生活得都很富裕，所以虽然自己的家庭也殷实，但她从小就有一种危机感。甲则是在成年之前，身边的小姐妹都是普通家庭的孩子，所以她反而没考虑过物质财富的重要性。

一种人格的形成，是由不同的经历与细节造就的。有时候不是穷或富本身，而是与他人的比较。有了比较才会产生落差，产生匮乏或丰足的概念。

在奢侈品行当有一个铁律：奢侈品的功能就是社交距离＋价值观表达，就是等级制，就是对比。激发对等级与阶级的渴望后，才有购买欲，所以，奢侈品并不能抵制不安与嫉妒。

但强调这种对比与差异只是商业手段而已。现在的中产阶级焦虑，其实也在于此。

还是那句老话："促成女孩子形成健全人格的，不是单纯在物质上的穷养或富养，而是综合的、平衡健康的环境，以及少一些对比。"

因为唯有大量残忍的对比，才会造成心理落差，造成不安全感，造成孩子的扭曲与心结。

真正的好教养，是在孩子进入社会前，告诉他们，人与人之间的差异天然存在，但人人生而平等，让孩子得以平静地接受这个世界。

最坏的教育并不是物质上的穷养，而是强调对比与差距的优劣，不断提示孩子"你的境况很糟糕"。像日复一日的"你看看别人家的孩子，你再看看你"，这远比穷养要糟糕得多。

最后，那些极其在意穷养与富养的女孩，许多都是在少年时被父母这么简单粗暴地教育出来的，所以，她们才会将一切问题、一切评断标准、一切不安的来源，归咎于物质差距。

不安与焦虑导致的物质主义一路向下传递，会导致封闭到不可扭转的价值观，这才是最麻烦的教育。

青春期这匹小狼

文 | 程鹭眉

青春期来了!

还在两个儿子上小学五六年级时,学校就不时发出这样的讯息。学校除了开生理卫生课外,还把父母都请到学校,让专家进行全方位的关于青春期孩子的教育培训。那段时间,两个小男孩回家后开始变得心神不宁,经常问一些令人难以启齿的问题。暑期我们在法国度假,谈及孩子是如何生出来的,他俩异口同声地说:"当然是从妈妈的肚子里开刀拿出来的。"谁知他们的德国表哥却冷笑道:"不对,哼哼,孩子是拉出来的!"

我想这句话对他们的打击是巨大的:"会不会把孩子拉到厕所里?"这不仅仅涉及常识,甚至涉及尊严。此刻他们一定有被羞辱的感觉,我想。

在讨论女人怎样怀孕的问题时,我偶然听见小哥竟然和小弟商量,要两人轮流值夜,监督爸爸妈妈的行为,眼见为实。

我做足了功课,时刻准备应付他们即将到来的青春期:偶有顶撞父母,马上觉得那是青春期的症候;任何一些出格的行为,我都惊惧地贴上青春期的标签。家里到处设置着青春期的警示灯,如履薄冰,如临大敌。我却慢慢地发现,的青春期没有什么可怕的，不过是些小打小闹的闲气，虽说层出不穷，但没有大碍。每当晚上小弟说："妈妈，我想和您聊聊天！"我的心中就充满甜蜜。每天早上小哥上学前都会拍拍我的脸说："妈妈要开心啊！"看着他们阳光灿烂的面孔，我觉得青春期是一桩完全可以把控的小事。

我安然地享受着他们渐渐地长大，哂笑那些患有青春期恐惧症的家长。但是突然有一天，一个儿子因为一点点小事骤然暴跳如雷；另一个也经常莫名其妙地发火，摔门之后再也不让你随便进他的房间；他们的喉咙里开始发出奇怪的嘶哑声音，青春痘赫然爬满额头……几乎一夜之间，他们变了，变成你完全不认识的样子，好像两只好斗的小公鸡，烦躁不安，桀骜不驯。如果说以前的顶撞是撒娇式的，那么现在的抗议分明带着不屑、怀疑，甚至厌烦。一起去度假，没人再与你并肩走路。当一个男孩飞车经过你的身边，跟着耳机里的音乐摇摆着奋不顾身冲向前方时，你才看清那分明是你的儿子，还来不及喊一声"小心"，就见他已经从飞车上弹了出去。可想而知的痛，但他龇牙咧嘴硬挺着就是不哭，急忙把他送到医院，拍片显示骨折。你还来不及心疼他，他却已经在微信朋友圈迫不及待地宣布他"光荣负伤"，可以不写暑假作业啦！

又有一天，我正在上班时突然接到班主任老师的电话，匆忙叫上他们的爹，两个人忐忑不安地赶到学校。原来，一向懂事且成绩优异的孩子，居然在上课时让他们的手机铃声大作。那一瞬间我觉得眼前的这个小子好像是别人家的孩子，与自己的儿子判若两人，再看他那怪怪的无所谓的眼神，好像这个世界发生了变异——绿眼珠的猫邪门地变成了红眼珠的兔子。

身经百战的老师不无同情地告诉可怜的父母："这就是青春期的男孩

子,而这才仅仅是个开始!"从学校回家的路上,两个人默默无语,下车时,当爹的只说了一句话:"狼,是真的来了!"

从此,这两匹青春期的小狼就开始了他们野性的行程。他们就像浑身炸开的刺猬,时时尖刺竖立,一不留神,狠狠地扎你一下,可你居然不知道这疼的来由。

他们无畏地挑衅你过往的权威,你开始还大喊大叫,企图用以往的权威镇住他们,但是你发现他们已经把这一切收入蔑视和不屑的神情里;你开始变得小心翼翼,甚至低声下气;你时时刻刻思忖:我哪里错了?但是他们同时也梗着脖子不耐烦地问:"我怎么了?"就这样你来我往吵成了死循环。

每天放学,你打开期待了一天的房门,迎接你的不再是以前一头扑到你怀里的笑脸,那熟视无睹的眼神越过你的肩膀,仿佛你是空气一般。他们感兴趣的,是他们朋友的信息,是电子游戏,是神秘的电话。他们最常用的一句话是:"妈妈,我长大了。能不能别管我!"

这段时间我就像一个迷茫的孩子,不停地回忆我的少年时代,不停地翻书查书,仿佛是我处于人生的路口。我知道,像我这样站在这个路口焦虑的,是一群人。

我从《德国人怎样面对青春期》一书上看到:"青春期的孩子就像一个拳击手,他们得出拳,以便把憋在身体里的气发泄出去!""青春期也是孩子的换壳期,就像大龙虾第一次换壳,也就是把自己的保护壳换掉直到新壳长出的时期。""青春期不是病,是人生的必经之路,孩子要通过与它搏斗,战胜它,并且得到生命中更多的自由,然后割断'脐带',与儿童期告别。"日本作家村上春树在《海边的卡夫卡》中这样描写少年:"他们的灵魂仍处于绵软状态而未固定于一个方向,他们身上类似价值观和生活方式那样的因素尚未牢固确立。然而他们的身体正以迅猛的速度趋向成熟，他们的精神在无边的荒野中摸索自由、困惑和犹豫……"

醍醐灌顶，豁然开朗——我需要设身处地去了解一个人的成长，我明白处在青春期的孩子就是一匹在荒野中迷惘的小狼，他刚刚开始跌跌撞撞地寻找、攻击、彷徨、求胜。这匹小狼还带着懵懂的天真调皮，慌张和迟疑，以及些许的挣扎，当然也有一点点无所畏惧的凶狠。大人们，如果你在这样的路口看见一匹这样的"小狼"，也许是两匹，甚至一群，请你们给他们行个注目礼，让他们自己坦荡地走过去，也许他们会彷徨、会迷失，但是所有的路口都有好看的风景，没有对与错，他们必须经过，或者得到，或者失去，一切都是他们的成长，铭心刻骨的成长。

每当看到家里两个青春期的小伙子与我对峙时，那两排戴着牙套的整整齐齐的牙齿，在夜晚的灯光下发出幽幽的银色的金属光泽，真有点青面獠牙的小狼的味道，我就会禁不住笑出声来。

如果青春期是一匹小狼，那么我就要学会与这两匹"小狼"安之若素，与"狼"共舞。

在非常野蛮的地方

文 | 苗炜

据说，每一个当爸爸的人都应该读一读《杀死一只知更鸟》这部小说，思考一下怎么当个好爸爸。

我很早就看过这部小说，还看过好几遍原著改编的电影，在给儿子换尿布的间隙，我又重新读了一遍。故事是这样的：在梅岗镇，有一位单身父亲芬奇，他有一儿一女，有一个黑人女仆帮助他料理家务。一家人平静地生活着，直到芬奇律师接下一宗案子，要为一个叫汤姆的黑人辩护。汤姆被诬告犯了强奸罪，镇上的白人大都觉得他该死，他们认为芬奇律师不该为这个黑人辩护。但芬奇律师坚持要为汤姆辩护。他在法庭上有一段关于平等的演讲。芬奇律师的辩护很成功，可陪审团依然判汤姆有罪。

我记得这部电影的黑白色调，格利高里·派克扮演的芬奇律师真是帅极了。有一阵子，我特别迷恋法庭辩论戏，总觉得凭借三寸不烂之舌就能伸张正义，然而，芬奇律师没能说服陪审团。他太儒雅、太隐忍，诬告者向他的脸上吐口水，他不是报以老拳，而是掏出手绢。芬奇律师向孩子解释——陪审团的十二位陪审员，在日常生活中都是懂道理的人，但是在法庭上，他们变得不讲道理了。在这个世界上,有一种东西会使人丧失理智,即使他想公正也办不到。这种现象是丑恶的,但这是生活中的事实。

芬奇律师说,他不想让孩子看到现实世界中的丑恶,但没办法,孩子还是会看到。比如世间的不平等,人与人之间的歧视,人们受到煽动而要对一个人处以私刑。那个诬告者是一个彻头彻尾的坏人,他最后竟然想把芬奇的两个孩子置于死地。

米兰·昆德拉在《身份》中说:"有了孩子就不能再去鄙视这个世界,因为这是我们将孩子放入其中的世界。孩子让我们关心世界,关心它的将来,并希望融入它的喧闹与混乱之中。"没有孩子,我们可以做一个愤世嫉俗的洁身自好者,有了孩子,就要教会他面对世上的愚蠢和丑恶。

从某种角度来看,芬奇律师是一位英雄,他不抽烟、不喝酒、不打猎,但实际上他是一个神枪手,他洞察世事,坚信公正与平等的原则,他伸张正义,给孩子做出榜样。他和儿子之间有一段对话——

儿子:"一定是你错了。"

父亲:"为什么是我错了?"

儿子:"大多数人认为他们是对的,你是错的。"

父亲:"他们当然有权这样认为,他们的看法有权受到尊重。但是,在处理好与他人的关系之前,我首先得处理好与自己的关系。一个人的良知并不遵守少数服从多数的准则。"

我想,这就是芬奇律师内心的道德律令。这本小说中有一个角色叫莫迪小姐,她对芬奇律师有这样一句评价:"要说他有什么和别人不一样,那就是他是个文明人。"与"英雄"相比,我更喜欢"文明人"这个称呼,我们都努力当一个文明人吧,哪怕在非常野蛮的地方。

有个青春期的娃，搞定他不如讨好他

文 | 小羊妈

我和老公是从什么时候开始过上战战兢兢的人生的，我们不得而知。是从小羊同学初二时进入校篮球队那次，抑或加入校合唱团那次？

总而言之，小羊同学进入了青春叛逆期，像一根爆竹，随时随地都会爆炸。

那次，小羊喜滋滋地告诉我们，他加入了校篮球队，要求我们给他买一双篮球鞋。我们也不懂什么是篮球鞋，老公随便买双运动鞋回家，之后就去香港出差了。小羊气急败坏地说："这哪是什么篮球鞋？篮球鞋你们懂不懂？"恰好老公从香港发短信过来让我问问小羊想要什么礼物，我小心翼翼地转述给小羊，他没好气地说："科！比！篮！球！鞋！"

老公从香港背回一双1000多元的耐克运动鞋，讨好地问："是不是这种？"但小羊翻着白眼不耐烦地说"不是"，不看到这鞋还好，一看到就又控制不住地生气了。从此，小羊开门关门都把门弄得"砰砰"响，而且板着脸。

我和老公也不敢问。

直到几天之后，我才谨小慎微地问小羊："能不能带我们去专柜看看你想要的是什么样的鞋？"一听我这样说，小羊才和颜悦色地给我介绍各种明星代言的篮球鞋，气氛紧张了许久的家里总算能听见点笑声了。

但是，别以为给他买了心仪的篮球鞋，他就能给你好脸色了。

转眼要期中考试了，考试前一天晚上，我只轻轻问了一句："文具都准备好了吗？"天空中便重重地砸下3个字："要你管？"忍耐了许久的我顿时控制不住，噼里啪啦一通乱吼："刚给你买了那么贵的篮球鞋，你就开始用这种语气跟父母说话，你真是个不知感恩的孩子，如果你不是我的孩子，我才懒得管你……"

我的话还没说完，他突然恶狠狠地对我说："我若不看你是我妈，我就揍你！"

我愣在原地，气得嘴唇发抖，一句话也说不出来。

曾经那个品学兼优的小学生去了哪里？如今我们行为准则里的各种标准在他那里完全行不通，每次只要硬碰硬，我们准会两败俱伤。老公让我改改脾气，我说："好吧，你脾气好，那你来。"

还是那个冬天，某天凌晨3点多，小羊从床上一跃而起，我们听到声响后也一骨碌爬起来，百米冲刺到门口拉住正要出门的小羊问："什么情况？"

小羊说："几个兄弟喝多了，我去接他们。"

什么？几个兄弟，都有兄弟了？我和老公心里"咯噔"一下，怎么还跟同学称兄道弟了？

老公死死拽着小羊的衣服不让他出门，小羊拗不过，暂时回到房间躺下了。

老公生怕稍不留神小羊又溜出去，于是躺在客厅的沙发上，眼睛死死盯着大门口。我刚躺下没多久，迷迷糊糊中听见门口有很大的动静，便赶紧到楼梯间一看，发现高出老公一个脑袋的小羊左冲右突，三下五除二便把老公甩开，冲出大门。拉扯中老公的脚后跟撞在门口的鞋柜上，被鞋柜的角生生刮掉一大块皮，鲜血直流，老公痛苦不堪，五官错位。

老公去找创可贴，我问他小羊怎么办，他怒气冲冲地吼道："别管他！"回到房间，我们无心睡觉，既担心孩子，又无能为力，内心的挫败感、沮丧感无法言喻，开始互相责怪，你怨我，我怪你，吵到天亮。

谁知道，中午放学，小羊像什么事都没发生过一样，按时回家，吃完饭便午睡。谁都不敢问他凌晨去了哪里。我们没谁敢惹他，他还是随时甩臭脸给我们看。

无法交流的孩子让我们做父母的无所适从。

老公开始每周写一封信或者打印一篇心灵鸡汤类型的文章放在小羊的床头柜上，期待他看了这些后能有所改变，然而并没什么用。

有时看见小羊心情大好的时候，我们会为了讨好他，跟他聊一些他感兴趣的话题，比如球星、流行元素。

我们发现，只要不谈学习，小羊就能心平气和地跟我们交流。只要我们以强硬的态度做出什么规定，他就会跟我们对抗。

我们不许他上网，不许他拿手机，不许他看电视，不许他攀比……他开始放学后晚归，我们估摸着他是偷偷溜进网吧上网了。只要他晚归，我们一家人的心就揪着。

老公几次开车在大街上找寻无果后，我和老公商量还是放开家里的网络；对他拿手机也睁一只眼闭一只眼，每天吃完饭让他看看他喜欢的电视节目。

我们做出了许多有限度的迁就他的举动，不再想要搞定他，让他做个听话的乖孩子。慢慢地，我们把以前的各种硬性规定及约束他的标准都自动取消了，我们开始有所管有所不管，小羊居然不再那么没来由地发脾气了。

青春期是孩子宣示"主权"的时期，因为他们的叛逆，我们做父母的懂得了妥协，懂得了尊重孩子，懂得了再不能对他们用"不能、不可以、不许、不行"这样命令的语气说话……

在小羊的整个青春叛逆期，我深深体会到了当父母的不容易，孩子成了我们家庭和谐的晴雨表。我们经历过错愕、痛苦、抓狂期后开始进入讨好、隐忍、引导期，好在忍得云开见月明，恐怖的叛逆期一过，如今，小羊像变了个人似的。

男女有别，请看大脑

文 | 洪 兰

各位好！今天很高兴给各位讲讲，我们在实验室里所看到的男女大脑的不同所带来的行为关系。大家就会因此明白，为什么朱德庸说"男人没有女人就没有乐趣，有了女人就没有了生趣"。

先生和太太吵架，先生讲 1 个字，太太会讲 10 个字。教师节学生们会写谢师卡，女生会自己动手写道："老师，我毕业了。"并描述她现在在哪里做事，她的男朋友怎样。男生会买一张印着"师恩难忘"的现成卡片，直接寄过来。

之所以有这些差异是因为情绪管理在右脑，语言在左脑，女生连接左右脑的扁直体比男生厚，因而信息传导快，女生擅长用语言表达情绪。

我们请女生来做实验，叫她躺在核磁共振仪里想伤心事，比如和男朋友吵架，她的整个小脑就都亮了起来；但男生的小脑只会亮几个红点。这和血清素有关，血清素多，心情就比较好，男生制造血清素的速度比女生快 52%。怪不得夫妻吵架，太太气得半死，先生已经呼呼大睡了。

人类的雏形其实都是女性的特征。

如果胎儿是 XY 基因，在胎儿长到 6 周到 8 周的时候，才会分泌男性荷尔蒙，直到婴儿 8 个月时停止。如果是女孩子，她出生以后女性荷尔蒙会一直分泌到 2 岁。女生对人脸上的表情、语言等各方面的辨识速度比男生快 0.02 秒。

在幼儿时期，女生比男生早熟几乎两年，她可以把男生做的坏事讲得头头是道，老师把男生找过来，同样是 4 岁，这个男生话都讲不出来，只会"你你你你你……"

直到小学六年级，班长多半是女生，口齿伶俐、做事可靠。到了中学之后，许多班长会换成男生，因为成长曲线换过来了。

很多人说，女生有第六感，真的有。因为脑子里的神经纤维联络，男生是前脑到后脑比较密，女生是左脑到右脑比较密。我们的注意力投射出去，就好比是黑暗的舞台上的探照灯。如果探照灯光圈比较广，进来的信息就会多。信息不能全部进到你的意识，没有进入的就会进入潜意识——潜意识会影响你的决策。

20 世纪 70 年代我在美国加利福尼亚大学读书，一位女老师去 ATM 取钱时被抢走 200 美元。她当时太紧张，没看清那人的面孔，警察也就无法帮她抓人。

不久，她开始讨厌她的一个研究生，抱怨这人吃汉堡加洋葱，臭得要命，也不洗澡。我们就很奇怪，因为那个学生一进来就是这样的。

3 个月后，警察在学校附近抓到一个抢钱的人，请她去指认。在警察局，5 个人站在墙边，她一走进去马上说是左边第二个。那个人和她的研究生很像：胖胖的，头发到肩膀上，裤子破个洞。其实她当初看到抢劫者了，但是这个信息没有进入她的大脑，而是进入了她的潜意识。

男女生在行为上有很多不同，女生不喜欢跟别人发生正面冲突，男生会约人到大门口打架。说到底这都是因为进化的关系。从进化上来说，没有母亲的孩子肯定会死，母亲为了自己的孩子，要使自己活得长，就不会跟别人发生冲突。

女生注意细节，男生注意整体，也可以从大脑进化的角度找到原因。母亲是家庭的灵魂，母亲快乐，全家快乐；母亲焦虑，全家焦虑。当你教育一个男童，你教育的只是一个男童；当你教育一个女童，你教育的是整个家庭和下一代。

这就是为什么我们要投身于女性的教育上。拿破仑说："一个孩子举止行为的好坏，完全取决于他的母亲。"母亲的文化水准决定着民族的未来。

改变世界，要找到传递知识的新方法

文 | 何江

在我读初中的时候，有一次，一只毒蜘蛛咬伤了我的右手。我问我妈妈该怎么处理。我妈妈并没有带我去看医生，而是决定用"火疗"的方法治疗我的伤口。

她在我的手上包了好几层棉花，棉花上喷洒了白酒，在我的嘴里放了一双筷子，然后打火点燃了棉花。热量逐渐渗透棉花，开始炙烤我的右手。灼烧的疼痛让我忍不住想喊叫，可嘴里的筷子却让我发不出声来。我只能看着我的手被火烧着，一分钟、两分钟，直到妈妈熄灭了火苗。

你看，我在中国的农村长大，那个时候，我生活的村庄还是一个类似前工业时代的传统村落。在我出生的时候，我们村子里面没有汽车，没有电话，没有电，甚至也没有自来水。我们自然不能轻易地获得先进的现代医疗资源。那个时候也没有一个合适的医生可以来帮我处理蜘蛛咬的伤口。

在座的如果有人有生物学背景，你们或许已经理解了我妈妈使用的这个简单的治疗手段的基本原理：高热可以让蛋白质变性，而蜘蛛的毒液也是一种蛋白质。这样一种传统的土方法实际上有一定的理论依据，想来也是挺有意思的。

但是，作为哈佛大学生物化学专业的博士，我现在知道在我读初中的那个时候，已经有更好的、没有那么痛苦的、没有那么有风险的治疗方法了。于是我忍不住会问自己，为什么我在当时没有能够享用到这些更为先进的治疗方法呢？

被蜘蛛咬伤的事故已经过去大概15年了。我非常高兴地向各位报告一下，我的手还是完好的。但是，我刚刚提到的这个问题这些年来一直停留在我的脑海中，而我也时不时地会因为先进科技知识在世界上不同地区的分布不均而困扰。

现如今，我们人类已经学会怎么进行人类基因编辑了，也研究清楚了很多种癌症发生和发展的原因。我们甚至可以利用一束光来控制我们大脑内神经元的活动。每年生物医学的研究都会给我们带来不一样的突破和进步，其中有不少令人振奋，也极具颠覆性的成果。然而，尽管我们人类已经在科研上有了无数的建树，但在怎样把这些最前沿的科学研究带到世界最需要该技术的地区这件事情上，我们有时做得不尽如人意。

世界银行的数据显示，世界上大约有12%的人每天的生活水平仍然低于2美元；营养不良每年导致300万儿童死亡；将近3亿人仍然饱受疟疾的困扰。在世界各地，我们经常看到类似的由贫穷、疾病和资源匮乏导致的科学知识传播的受阻。现代社会里习以为常的那些救生常识，未能在这些欠发达地区普及。于是，世界上仍有很多地区，人们只能依赖火疗这一简单粗暴的方式来治疗蜘蛛咬伤。

在哈佛大学读书期间，我切身体会到先进的科技知识能够既简单又深远地帮助很多的人。21世纪初期，禽流感在亚洲多个国家肆虐。那个时候，村庄里的农民听到禽流感就像听到恶魔施咒一样，特别恐惧。乡村的土医疗方法对这样一种疾病束手无策。农民对普通感冒和流感的区别并不是很清楚，他们并不懂得流感比普通感冒更加致命。而且，大部分人对于科学家所发现的流感病毒能够跨不同物种传播这一事实并不清楚。

于是，在我了解了这些知识背景，及简单地将受感染的不同物种隔离开来以减缓疾病传播，并决定将这些知识传播到我的村庄时，我的心里第一次有了一种作为未来科学家的使命感。并且这种使命感不只停在知识层面，它也是我个人道德发展的重要转折点，更是我自我理解的、作为国际社会一员的责任感。

我成长的经历教会了我作为一个科学家积极地将我所掌握的知识传递给那些急需这些知识的人是多么重要。因为利用那些我们已经拥有的科技知识，我们能够轻而易举地帮助我的家乡，还有千千万万类似的村庄，让他们生活的世界变成一个我们现代社会看起来习以为常的场所，而这样一件事，是我们每一个毕业生都能够做的。

但问题是，我们愿意来做这样的努力吗？

我们的社会比以往任何时候都更强调科学和创新。但我们的社会同样需要注意的一个问题是，如何把知识分配到那些真正需要的地方。

改变世界并不意味着每个人都要做一个大突破。改变世界可以非常简单。它可以简单到变成作为世界不同地区的沟通者，并找出更多创造性的方法将知识传递给像我母亲或农民这样的群体。

同时，改变世界也意味着我们的社会作为一个整体，能够更清醒地认识到科技与知识应该更加均衡地分布，这是人类社会发展的一个关键环节，而我们也能够一起奋斗将此目标变成现实。

如果我们能够做到这些，或许将来有一天，一个在农村被毒蜘蛛咬伤的少年就不再需要火疗这样粗暴的方法来治疗伤口，而是去找医生，得到更为先进的医疗护理。

缺乏自信才会比来比去

文｜蒋勋

人有时候很奇怪，会依靠外在的东西，让自己有自信。

譬如说，在我小时候，大部分孩子的经济条件不好，营养也不良。但有一个同学长得特别高大、壮实，他走起路来虎虎生风，特别有自信。

人类的文明很有趣，慢慢发展下来，你会发现，人可以有各种方式使自己有信心，但前提是要有一个比较成熟、比较丰富的文化支持。

譬如说，我虽然很矮，可是我在另一方面很高大，可能是在心灵方面，或者精神方面，或者有某种特殊技能。我很期盼有这样的社会、这样的文化出现，会让每一个人有自己不同的价值。

我们的社会的确已经在走向多元，举例来说，现在有很多地方都要求"无障碍空间"的设计。我小时候哪里有这种东西？残废就残废嘛。可是我们现在也不用这样的称呼了，因为他并没有废。

这不只是一个名称的改变，而是人们重新思考过去所做的判断对不对。过去的残就是废，就是没有用的人，但现在发现他不是，他可能有其他方面很强的能力可以开发出来。

我想这就是多元社会一个最大的基础，人不是被"制化"的。"制化"，就是用英文分数、数学分数就来判定这个学生好或不好。不把人"制化"，才能让人身上的其他能力有机会被发现，丰富他的自信。我们的社会是在慢慢地往这样一个方向走，但同时有一些干扰，例如重商主义、唯利是图的价值观，又会让多元趋向单一。单一化之后，就会出现这样的声音："考上大学有什么用？歌手接一个广告就有数百万元进入口袋，那才实在。"所以，价值的单一化，是我们所担心的。

一个成熟的社会，应该是每一个角色都有他自己的定位，有他不同的定位过程，每个人都能够满足于他所扮演的角色。这个观念在欧洲一些先进国家已经发展得很成熟，他们长期以来重视生命的价值，所以他们的自信，不是建立在与别人的比较之上的。

生活太精简，会丢了深层的美感和乐趣

文 | 李月亮

上小学时，有一段时间我的语文老师病了，语文课由体育老师来兼任。

当时正好学李白的那首《夜宿山寺》："危楼高百尺，手可摘星辰。不敢高声语，恐惊天上人。"面对我和小伙伴们好奇、求知的目光，体育老师用一句话就搞定了整节课的内容，他说："楼太高，吓得楼上的人都不敢说话了。"我们都笑了，他也笑了，还得意地说："我这么说你们就都懂了吧？古人就是啰唆，挺简单的事，整那么复杂，累不累啊！"

从那以后，我们班的同学都恪守着体育老师的文学思想，把学到的所有诗词都进行了简单、粗暴的总结。那首《静夜思》就被归纳为"看到月亮，想家了"，那首《春夜喜雨》则被说成"昨晚下雨了，没听着"……

直到上了高中，读到了李清照的"寻寻觅觅、冷冷清清、凄凄惨惨戚戚"，我才惊觉有些复杂无法简化，因为复杂里头有一种叫"美感"的东西，一简化就丢了。我回头再读从前学过的诗，不禁愧疚满怀，真是辜负了诸位大诗人的美意。

大概是因为被体育老师伤过，后来我对极力求简的行为总有所质疑，尤其在这个事事追求简单、便捷的时代。

不可否认，很多简单的东西的确也是美的、有营养的、令人愉悦的，但简单永远不能完全代替复杂，比如诗歌，比如戏曲，比如建筑，比如美食，比如习俗……

太多太多的东西，都要在繁复的、悠长的起承转合过程中，才能表达出无尽的美意，彰显出隆重、盛大和非同寻常。一出戏，情节太简单就没意思；一首歌，音调太单一就难有韵味；一座建筑，如果只是简单的横平竖直，就丧失了审美的意义。

半年前我的一个好友结婚，她在请柬上毫不客气地要求我们穿高跟鞋和礼服，严格规定我们几点到场，从酒店的哪个门进。

我对这种无理要求感到生气，当时就打电话过去，骂她神经病。虽然她体谅我对高跟鞋和礼服的恐惧，但还是坚决要求我必须如此穿戴。

万般无奈，那天我跟另一个好友穿得跟俩新娘似的就去了。结果发现幸好准备充分，否则都不好意思进门了。

从酒店大门到礼堂，要经过一个小广场，人家在那里铺了红毯，宾客都跟电影节上的明星似的，要在围观的亲友中款款走过，要留影，要在签名板上写祝福……拉风极了。

整个典礼更是繁复隆重，各种仪式、各种讲究，足足折腾了两个多小时。我和同去的好友开始还撇嘴嘀咕，骂她自找麻烦，但进行到最后，我们不得不承认，这才叫结婚，才叫一生一次的托付。然后各自回想各自的婚礼，都觉得太潦草了，潦草得简直不想去回忆。

那场婚礼我到今天还记忆犹新，感觉比自己的婚礼还要印象深刻。

看来大事就是要有一个盛大的仪式，有一种隆重而细腻的表达。没有纷繁复杂、耗尽心力的准备，没有对细枝末节的精致描摹，大概就不能切身体会其重要性，就没有直达内心的震撼和触动，就不能在心底留下浓墨重彩的一笔。

现代人喜欢说"简单就好"，当然，平常日子可以简单过，不必要的复杂也要简化，但对确实需要折腾一下的事情，也应该"得折腾处且折腾"。虽然人们都怕麻烦，但有些麻烦确实是有意义的。

人生不能总按照体育老师的思维前进，必要的时候，也需要有点《红楼梦》的精神。太精简的生活，会淹没许多深层的美感和乐趣。

把生命浪费在美好的事物上

文 | 吴晓波

每个父亲,在女儿18岁的时候,都有为她写一本书的冲动。现在,轮到我做这件事了。

你应该还记得,从很小的时候,我就开始问你一个问题:"你长大后想干什么?"

第一次问,是在去日本游玩的歌诗达邮轮上,你读小学一年级。你的回答是:"游戏机房的收银员。"那些天,你在邮轮的游戏机房里玩疯了,时不时就跑来向我要零钱,然后奔到收银小姐那里换游戏币。在你看来,如果自己当上了收银员,那该有多爽呀。

后来,我一次又一次地问你这个问题:"你长大后想干什么?"

你一次又一次地更换自己的"理想"。有一次是海豚训练师,是因为看了戴军的节目,觉得那一定特别酷;还有一次是宠物医生,大概是送圈圈去宠物店洗澡后萌生出来的想法;我记得的还有文化创意、词曲作家、花艺师、家庭主妇……

16岁的秋天,你初中毕业后就去了温哥华读书,因为我和你妈妈的签证出了点状况,你一个人拖着两个大箱子就奔去了机场,你妈妈在你身后泪流满面,我对她说:"这个孩子从此独立,她将有权利选择自己喜欢的大学、工作和城市，当然，还有自己喜欢的男朋友。"

在温哥华，你过得还不错，会照顾自己，有了闺密圈，第一次独自去旅行，还亲手给你妈妈做了一件带帽子的运动衫；你的成绩也不错，期末得了全年级数学竞赛一等奖。我们全家一直在讨论你以后读哪所大学，英属哥伦比亚大学、多伦多大学还是皇后大学。

又过了一年，我带你去台北旅行，在台湾大学的校园里，夕阳西下，漫步在长长的椰林大道，我又问你："你以后想干什么？"

你突然说："我想当歌手。"

这回你似乎是认真的，好像一直在等我问你这个问了好多年的问题。

然后，你滔滔不绝地谈起自己对流行音乐的看法，谈了对中国当前造星模式的不满，谈了日韩公司的一些创新，谈了你自认为的歌手定位和市场空间。你还掏出手机给我看MV，我第一次知道Bigbang和权志龙，我看了他们的MV，觉得与我当年喜欢过的Beyond和黄家驹是那么的神似：一样的亚洲元素，一样的都市背景，一样的蓝色反叛，一样的如烟花般的理想主义。

在你的眼睛里，我看见了光。

作为一个常年与数据打交道、靠理性分析吃饭的父亲，我提醒你说："如果按现在的成绩，你两年后考进排名全球前100位的大学，大概有超过7成的把握；但流行歌手是一个与天赋和运气关系太大的不确定行业，你日后成为一名二流歌手的概率大概也只有10%，你得想清楚了。"

你的目光好像没有游离，你说："我不想成名，我就是喜欢。"

我转身对一直在旁边默默无语的你妈妈说："这次是真的。"

其实，我打心眼里认同你的回答。

在我小时候，没有人问过我这个问题。从一年级开始，老师布置写作文"我的理想",我们写的都是保卫祖国的解放军战士、像爱因斯坦那样的科学家,或者是遨游宇宙的宇航员,现在想来,这都是大人希望我们成为的那种人,其实大人自己也成不了。

这样的后果是很可怕的。记得有一年,我去四川大学讲课,一位女生站起来问我:"吴老师,我应该如何选择职业?"她是一位物理系的在读博士生。我问她:"你为什么要读物理,而且还读到了博士?"她说:"是我爸爸妈妈让我读的。""那么,你喜欢什么?"她说:"我不知道。"

还有一次,在江苏江阴,我遇到一位30多岁的女商人,赚了很多钱,却说自己很不快乐。我问她:"那么,你自己喜欢什么呢?"她听到这个问题,突然怔住了,然后落下了眼泪。她说:"我从来没有想过这个问题。很小的时候,我就开始跟随亲戚做生意,从贩运、办厂到炒房产,什么赚钱干什么,但我一直没有想过,自己到底喜欢什么。"

今日中国的"90后"们,你们第一次有权利也有能力选择自己喜欢的生活方式和工作——它甚至可以只与兴趣和爱好有关,而无关乎物质与报酬,更甚至,它还与前途、成就、名利没有太大的关系,只要它是正当的,只要你喜欢。

喜欢,是一切付出的前提。只有真心喜欢了,你才会去投入,才不会抱怨这些投入,无论是时间、精力还是感情。

在这个世界上,不是每个国家、每个时代、每个家庭的年轻人都有权利去追求自己所喜欢的未来。所以,如果你侥幸可以,请千万不要错过。

接下来的事情,在别人看来就特别"乌龙"了。你退掉了早已订好的去温哥华的机票,在网上办理了退学手续,我为你在上海找到了一所日本人办的音乐学校,它只有11个学生,还是第一次招生。

过去的一年多里，你一直在那所学校学声乐、舞蹈、谱曲和乐器，据说挺辛苦的，一早上进琴房，下午才出来，晚上回到宿舍身子就跟散了架一样。你终于知道把"爱好"转变成"职业"，其实并不是一件容易的事情。其实，我到现在还不知道你到底学得怎么样，是否有当明星的潜质，但是有一点是肯定的，你的确是快乐的，你选了自己喜欢走的路。

　　"生命就应该浪费在美好的事物上。"

　　这是台湾黑松汽水的一句广告词，大概是 12 年前，我在一本广告杂志上偶尔读到。在遇见这句话之前，我一直被职业和工作所驱赶，我不知道生活的快乐半径到底有多大，什么是有意义的，什么是无效的。我想，这种焦虑一定缠绕过所有试图追问生命价值的年轻人。是这句广告词让我突然间明白了，原来生命从头到尾都是一场浪费，你需要判断的仅仅在于，这次浪费是否"美好"。后来，当我每做一件事情的时候，我便问自己："你认为它是美好的吗？如果是，那就去做吧。从这里出发，我们去抵抗命运，享受生活。"

　　现在，我把这句话送给 18 岁的女儿。

漂亮的失败是另一种成功

文 | 白岩松

各位同学，你们走进了大学，也算是这个人生阶段的成功人士。接下来，你们的期望值将不断地被调高，因为进了好大学就应该有好工作，有了好工作就应该有更好的未来。你们的人生将不断被这种更高的期望值推向"不成功就会很麻烦"的境地，这似乎更像一个无底洞。所以，今天要跟大家沟通的话题，叫作"漂亮的失败是另一种成功"。

输得体面，并且有尊严

当下是一个成功学泛滥的时代。只追求现实的结果，往往会忘记追求真理；把结果看得太重，就难以享受过程。

2012年，我参与了伦敦奥运会的报道，伦敦奥运会最重要的口号，叫"影响一代人"。有记者提问："体育如何影响一代人？"伦敦奥组委的一位官员回答："体育教会孩子们如何去赢。"这句话很正常，在中国，很多事都能教会孩子们如何去赢，但是他的下一句话让我格外感动："同时，教会孩子们如何体面并且有尊严地输。"

我记住了这句话。它让我更加明白，体育为什么在我们的生活中扮演着如此重要的角色。

仔细想想，在我们的人生中，谁躲得开失败？谁躲得开挫折？可是如果从小到大，我们都没有接受过挫折与失败的教育，不能够体面且有尊严地面对失败，那么成功又有什么意义？

其实老祖宗早已明白这个道理，说"人生不如意事十有八九"。既然不如意事十有八九，为什么我们从来不给孩子们教"十有八九"时该有的心态和应对能力？

我上大学的时候，有一次输了一场球，一帮人痛哭了一夜，集体喝酒。很多年之后回望，才知道和后来所要经历的一切相比，那是多么微不足道的失败，而且是多么美好和难忘的失败。可是当时，我们以为世界末日来了。

近年来，在很多高校，不止一次地发生年轻学子在美好的年华结束自己生命的不幸事件。我们的考试分数很高，内心却不够坚强，很小的挫折都会被我们放大。更何况，在太多"成功学"的概念笼罩下，稍微有一些不如意，人便会陷在负面情绪中难以自拔。

因失败而伟大

其实，回头看中国历史，包括世界历史，想想看，失败很可怕吗？中国有无数的历史人物，他们之所以伟大，是因为失败，而不是因为成功。

岳飞是因为成功才伟大吗？如果从我们现在的"成功学"角度来看，岳飞很失败。不管他仗打得怎么样，被人家 N 道令牌召回，最后还给处死了，在当时的社会来说，他是一个失败者。当时的成功者是谁？是秦桧。但岳飞是我们心目中的英雄，对吗？

林则徐的人生成功吗？大家只记住了他成功的那一点——虎门销烟，但不知道在很多"妥协派"的压力下，一年之后林则徐被贬职。从当时的官场角度来说，他成功吗？一点儿也不。

这些例子都是为了说明，补上"失败"这一课是多么重要的事。

失败，其实有很多意义，这些意义比成功大，或者说，有一种成功必须以失败作为助推力。南唐李后主，要论失败的话也登峰造极了，我们想要经历那样的失败都很难。但我们至今仍在谈论他，为什么？因为他作为一位伟大的文学家，留在了中国的文学史中。如果不是国破家亡，他会写出"问君能有几多愁，恰似一江春水向东流"这样的词句吗？不会。这个失败对于李后主固然惨痛，但对于文学何尝不是一件幸事？在他的文字中，失败竟然成为一种美妙的意境。

莫扎特，我不止一次去过他的故乡萨尔茨堡。他生前在家乡不是一个受欢迎的人，屡受排挤，命运多舛。但他又是一个天才，天才到什么地步？他一生中创作的音乐作品，交给普通人抄谱，终其一生都未必抄得完。但是在现实中，他的人生很失败，不成功。

我不知道大家有没有看过《莫扎特传》这部电影。他的对手——一个宫廷乐师，处处给他制造阻碍，但是今天，你是否还能记得他的对手的作品？不能。然而莫扎特到今天始终是一个天才的形象，活在全世界人的心目中，而且在他的音乐中，你听不到失败，听不到挫折，听不到身世的飘零和所有的难言之隐。

这样的例子太多了。我们去探讨贝多芬的耳聋，探讨马勒家庭的不和睦——他很年轻的时候就写下《亡儿之歌》，连他的妻子都觉得，这将是一种预言，后来他的孩子真的夭折了……但是到了前年，马勒的交响乐在全世界上演的频率已经超过了贝多芬，成为第一。他曾经说，自己的音乐是写给50年后的人们的，他说对了。

另外还有多少伟大的诗人，正是因为人生中的不幸、挫折和磨难，才创作出那些伟大的作品。我们都知道苏轼的诗词作品很有价值，但苏轼的仕宦生涯其实是非常糟糕的，他屡屡被排挤、贬谪，但即便这样，他仍然留下了传世佳作。所以，以史为鉴，回归到个人去看，我们应该知道，失败有时是必需的，而且是伟大创作的重要动力。

失败是一门必修课

人如果一直处于"成功"的状态，慢慢也就麻木了，你会觉得一切都是理所当然。反倒是时常降临的失败与挫折，是上帝给你的一个提醒，让你从"失败"这门课里，受到某些教育。

我采访过一位企业家，问他喜欢什么样的司机，他说他喜欢出过车祸的司机。为什么？出过车祸的司机比其他人更懂得安全驾驶的重要性。这是20年前我听到的回答，当时还不是太理解，越往后越觉得有道理。司机都是新的猛，越老越谨慎，因为刚开车的时候天不怕、地不怕，没经历过失败，觉得一切尽在掌握之中。当你自己出过车祸，甚至亲身经历过糟糕的事故，才会越来越谨慎，越来越小心，越来越知道安全驾驶的重要性。挫折与失败就是这样成为一种教育的。

在一个人的成长当中，智商很重要，但是到我这个岁数就会明白，比智商更重要的是情商。智商决定你有资格与谁竞争，而情商决定最终谁能赢。在座的各位，你们的智商是相差无几的。但是走出校门之后，谁更有可能成为学校的"一张名片"，恐怕更多要靠情商了。与他人的合作，对社会的了解，对自己的心理调控，经得起失败，经得起表扬，让自己走得稳、走得远，内心强大而不失趣味，永远对前方充满好奇……

我自己弄了一个"东西联大"。清华、北大、人大、中国传媒大学，每所学校都会给我提供五六份研究生简历，我会从中选择两个人。二期学员中有一个学生，始终搞不清楚自己为什么会被录取。我没跟她说，其实就是因为在别的简历里，我看到的全是成功，得过什么奖、有什么优秀作品、如何年轻有为……唯独在这个姑娘的简历里，我看到了她的失败和她对挫折的态度。

那么，经历过这样的打磨，有些东西我不用再教她了。对于年轻人，我并不很关心你们得过多少表扬，有过多少成就，我只担心你们几乎没经历过像样的挫折。我觉得每一所优秀的高校，都应该在毕业证上列出一门课程的得分，证明这个学生是否接受过挫折教育，并且取得了不错的成绩。只有既得到过很多表扬、也经历过很多挫折的人，才能作为一名合格的毕业生，去面对前程未卜、风险未知的人生旅途。

失败，是更好人生的开始

此外，我们还应该明白，挫折与失败原本就是变革的机会。刚才我说过，任何失败都有可能是上帝对你的一种提醒，让你静下来思考，改变原来的路径。

体育赛场上一直有一个准则——胜者不变败者变，对吗？在不久前结束的勇士队和骑士队的NBA总决赛中，大家有没有注意到第四场时勇士队的变阵？为什么？他们在总比分1：0领先的情况下，被骑士队连扳两局，总比分1：2落后。勇士队变阵后一开始并不成功，第四场比赛上来就被打成 7∶0，但他们坚持了下去，在那场比赛中完胜对手，最后"勇士"彻底击败"骑士"，成就了总冠军的伟业。最关键的一场比赛，就是 1∶2 落后之后的变阵。

问题就在这儿。体育赛场上永远是"胜者不变败者变"，生活中，往往也是这样，被挑战者以不变应万变，挑战者才要出奇制胜。失败逼迫人们不得不变革。

今年西甲冠军巴萨得到了"三冠王"，但如果回到 1 月份的时候，这是几乎所有的体育迷都想不到的。因为当时巴萨队近乎要完蛋了，他们输给皇马，输给塞尔塔，尤其是在新年伊始，输给了皇家社会队。

失败就像是一个挤破毒瘤的过程。一次失败好像还无所谓，两次失败似乎也还能扛，但是输给皇家社会队之后，整个队的矛盾全面爆发出来：梅西和主教练之间的问题、踢球风格的问题，等等。这个时候球员们意识到，如果不认真面对现实，做出一个新的决定，他们将一事无成。

球队从那次失败开始，真正走上了正轨，创造了足球史上又一个"三冠王"的奇迹。如果没有此前接二连三的失败，尤其是输给皇家社会队的这次惨败，如果当时稀里糊涂地赢了，所有的问题恐怕仍会稀里糊涂地存在着。隔几场输一场，隔几场再输一场，最后或许能拿到"三冠王"的一冠，但不会达到如此伟大的高度。

人的一生很短，仔细一想也很长，要经历多少关口？在这些关口所做出的抉择，往往影响命运的走向。而失败，往往是更好人生的开始。

教育，是温柔地对待
每一个想要成功的孩子

文 | 纪寻

本文作者毕业于加州大学洛杉矶分校和巴黎政治学院，是 Life Cocoon 发起人，也是一名神经肌肉病患者。她需要使用轮椅，借助护工和语音识别软件与人交流。

在中考的冲刺阶段，我们开始分班补习，成绩名列前茅的我却依然被留在了补差班。因为提优班的教室被安排在另一幢教学楼的二楼，爬二楼对于我来说简直就是翻山越岭，我没有更多的时间和精力去换教室。在一个我需要提升自己学习能力的关键时期，我却再次成为一个被大家遗忘的角色。我永远忘不了那个昏暗的下午，我躲在补差班教室的最后一排独自哭泣，身边是对我的困境无动于衷的老师。没有人愿意帮助这个同样渴望成功的孩子。

不仅如此，这个孩子还一直被无视、指责，所有的这一切只是因为她和别人不一样，她比别人有更多的需求，有更多需要克服的困难。

现在的我回头再看 15 岁的我时会有点生气，因为那个时候的我只知道忍气吞声，寄希望于用成绩来证明自己，以获得别人的尊重。但是，后来我渐渐明白了，如果没有平等机会的土壤，再多的努力也是白费。

我如愿以偿地进入了名牌高中，获得了更多、更好的教育资源。很多大学都会给我们学校自主招生的名额，但是这些自主招生的首要要求都是"身体健康"，我没有参加考试就被自动淘汰了。因为肌肉萎缩不断加重，我的身体机能也在不断下降，我写字越来越慢，也越来越费劲。高考的时候，因为没有力气涂答题卡，加上写字又慢，我向江苏省教育考试院申请延长考试时间，然而江苏省教育考试院却以"没有先例""对其他考生不公平"为由拒绝了我的申请。没有额外的答题时间和协助，尽管我写字写到手抽筋，但也没能答完试卷，而招生办只能保证我进入省内的大学可以不受歧视地被录取，我的选择非常有限，最终也没有进入理想的大学。但也正是因为这段不怎么美好的经历，我萌生了出国留学的念头。

2009 年，我花了 9 个月的时间，申请托福和 GRE 考试的加长时间。美国教育考试服务中心 ETS 有一个专门为残障学生提供服务的部门，残障学生如果需要特殊安排，可以向该部门申请合理便利。

合理便利，是指在考试过程中提供更多的答题时间或者人力协助等，这是一项在发达国家普遍实行的针对残障学生的服务政策，以确保每一个孩子都可以获得平等接受教育的机会。让每一个人都有同样的机会取得成功，这是公平；为先天不足的孩子"垫高"，提供合理的便利条件，这是正义。

我忽然发现，自己在少年求学时代流下的所有眼泪，其实都是在争取合理便利，或者说公平正义。

然而，即便美国有"合理便利"这样的政策，我依然花了 9 个月的时间才申请到，主要原因是没有医生愿意为我开医疗证明。3个月内，我跑遍了南京的三甲医院，甚至连司法鉴定中心都去过，也没有找到一名愿意帮我开这个医疗证明的医生。

我记得那是一个阴雨天，我绝望地从医院出来回到学校，眼泪止不住地流出来：我想到了多年前我被遗留在补差班的那个傍晚；想到了每次春游、秋游、运动会时老师都会劝我在家休息，不要跑出去给大家添麻烦；想到了初二那年其他同学出国交流，而我只能每天晚上在自己的房间里听广播里的旅游节目……我从来没有放弃过我自己，但这个世界似乎却在以各种方式放弃我。

回家以后，我给ETS写了邮件，阐明自己的真实情况，并为自己写了一段病情陈述。两个月后我收到了ETS的考试确认邮件，同意为我提供合理便利。

5个月后我以高分通过了考试，7个月后我获得了ETS奖学金并入选《托福名人堂》。我知道，入选《托福名人堂》并不是因为我考了多高的分数，而是我以全新的方式探索了教育的边界和可能性。

迄今，我已经在美国、法国和新加坡的大学里学习过，有许多美好的经历，当然也有更多的挣扎。我更加明白，即便在发达国家，公平也不是理所当然的存在：当你需要帮助的时候，当你觉得自己受到不公正待遇的时候，要大声说出来，要反抗，要争取，而不是像15岁的我一样默默地躲在教室里哭泣。

与其说国际教育开拓了我的眼界，不如说我在这个过程中挑战了自己的极限和别人的偏见。我怀着深切的同理心和敬畏之情去理解这个世界，去欣赏多元文化，包容不同的价值观，去探究合理与不合理、公平与正义。

我不再认可自己是个"麻烦"的身份，我理直气壮地成为一个"麻烦制造者"，质疑一切不公正，争取合理的权利。

这个世界上有许许多多和我一样有着特殊需求的孩子，我们需要以不同的方式去完成学校里的任务，去克服我们生活中的困难，去跟上其他人的步伐。我们与正常人不同，但相同的是我们一样渴望取得成绩、融入集体、获得别人的认可和尊重。我希望特殊儿童的家长不再唯唯诺诺地说"我的孩子给你们带来了麻烦"，希望学校不再以健康状况为由向他们关上教育的大门，希望教育工作者们不再对他们的需求无动于衷，希望孩子们都可以勇敢地说出来："当我和这个世界不一样，那就让我不一样。"

我所期待的是15岁的我渴望得到却从未曾得到的。

今天的我还是要感谢15岁的我，没有她含着眼泪的坚持，就没有今天的我对着世界发声的机会。

万事不必太精通

文 | 辉姑娘

6岁那年,我第一次见到钢琴,喜欢极了,抱着不撒手。有懂行的亲戚看了看,说这姑娘将来肯定个子高、手指长,正适合练钢琴,有条件就学学吧。

父母于是咬咬牙,为我找了一位相当有名气的钢琴老师。

师从名门,自然规矩严格。

先是握着熟鸡蛋在琴键上保持端正的姿势,这叫基本功。好不容易练得差不多了,再按部就班地将一本本练习册弹下去,哈农、拜厄、汤普森……这些练习册里的旋律大多枯燥乏味,往往一曲终了,都不知道自己在弹些什么。

最可怕的是,老师还会留作业,如果下次上课的时候没有掌握一首新的练习曲,就要被老师用戒尺敲手背。这对年幼的我来说,简直是莫大的折磨。

很快,我对钢琴的好奇与喜爱迅速转变成厌倦。我开始恐惧弹琴,老师布置的作业总无法完成。最后,无论父母怎么劝说,我再也不肯踏入琴房一步。

这一段音乐之旅,终究是遗憾地夭折了。

上了高中,一次去同桌小桢家做客,她正在家中弹钢琴,弹奏的居然是一首周华健的《花心》。那段时间我疯狂地喜欢周华健的歌，初听这首歌的钢琴版，简直觉得无比惊艳。

我很佩服地对小桢说："你真有毅力，一定弹了许多练习曲才有今天的水平吧？"

小桢茫然地摇头："我没弹过什么练习曲呀。"

我很惊讶："那你都弹些什么？"

她笑起来："喜欢什么就弹什么呀。"

原来小桢与我一样，儿时都对钢琴一见钟情。但家人并没请专业老师，从事幼师工作的母亲教会她怎么认五线谱，又问她喜欢什么歌曲。她说喜欢《小星星》和《铃儿响叮当》，母亲就把这两首歌曲的谱子找来，让她自己看着谱子练习。

她没什么压力和负担，一路慢慢摸索着，居然也弹了下来，还在学校的联欢会上表演了这两首曲子。同学们都热烈鼓掌，于是她信心倍增，央求母亲把喜欢的歌曲谱子都抄了回来，一首首练下来，直到今天，已经会弹几百首曲目了。

我看她又弹了一曲，果然，手势是松散的，谱子是自己听着歌记下来的，连和弦都是即兴发挥的。如果让专业人士来听，大概会挑出上百处毛病吧。

可是那又有什么关系？

她坐在窗前的阳光里，手指在黑白琴键上自由地舞蹈，眼睛微微地闭上，几近享受的姿态。那些所谓"俗气"的流行歌曲在钢琴的音色中，变得轻灵而优美。

没有人会在意她弹错了几处、动作是不是标准。这一刻存在于旁观者视线里的，仅仅是一个优雅生动的女孩带来的美好视听享受而已。

我与小桢的母亲聊天，问她有没有想过让小桢去考级，她摇头。

"弹琴这件事是为了什么？为了她能在音乐里宣泄情绪，玩得开心。目的已经达到了，为什么非要上升到专业的高度呢？"

我表示认同。

如果不以此谋生，那么"学会"就足够让人享受个中的妙处，何必非得"学好"，甚至变成学霸呢？

烘焙课上，一名学员很认真，严格按照老师教的步骤来进行，仔细地称重，温度调得十分精确，出炉的点心几乎长得一模一样，看起来十分规整。

相反，邻桌的几个女孩一直揉着湿乎乎的面团嘻嘻哈哈，还常常突发奇想，把面团揉成各种动物的形状，爱吃甜的多加几勺糖，喜欢吃焦的又多烤了几分钟。最搞笑的是，因为出炉的点心实在太诱人，她们居然忘记了拍照，你一块我一块地抢了起来，还塞到老师嘴里，趁热吃了个干净。

吃着点心的老师走到那位十分认真的学员旁边，看着她完美的作品称赞了几句，刚想品尝，学员忽然阻止了老师。她拿出相机开始给点心拍照，上下左右拍了足足几十张，又皱着眉头问老师："为什么我做的马卡龙总是偏硬？"

老师拿起已经凉透了的点心，没回答，却反问她："我记得你不喜欢吃马卡龙？"

她露出纠结的表情："是的，我们全家人都吃不了那么甜的点心，我们只喜欢椰丝小方，清爽一点儿。但是学了烘焙，就想都做到完美。"

老师又问了她一个问题："你为什么来学烘焙？是想要开一家甜品店吗？"

学员愣了愣："不，我只想做给我的家人吃。"

老师拍拍她："那么下次你可以随意一点儿。我希望你不是在做一个'完美的成品'，而是一个'好吃的小蛋糕'，仅此而已。"

学员露出困惑的表情，老师露出一个笑容，说道：

"制作甜品，应该是一件轻松的事情。喜欢满满豆沙的面包，就把馅儿塞得多一点儿。喜欢吃咸的蛋挞，就在蛋液里加半勺盐。喜欢把比萨饼烤成三角形，那也随你。烘焙本来就是创造性的工作，如果每个人都做出一模一样的牛角包，口味分毫不差的瑞士卷，那该多么无趣啊。

"我希望你们喜欢椰丝小方就做得炉火纯青，讨厌马卡龙就一辈子不碰它。再优秀的厨艺也是为了取悦自己和家人，如果无法取悦，它就是失败的。可以做不了色香味俱全的厨神，但一定要在烟火气中找到随性的快乐。"

一个写小说的女孩，文风不错，创意也好。我便提了一句，如果她愿意，可以帮她把作品推荐给一些不错的出版社，甚至是影视公司改编成剧本。

谁知女孩犹豫了很久，最后对我说她不想把作品拿出来。

问她为什么，她说："如果出书，销量不好，或者改编成电影，票房不佳，那该多没面子。"

为什么一定要确认会有一个最完美的结果，才会去尝试呢？

作品出书，未必每本书的销量都过百万，但哪怕只有几个人与你产生共鸣，成为知音，就算值得。

拍一部电影可能票房奇差，但与行业内的老师们讨教学习，获得更广阔的视野，也是很有趣的经历。也许下一部片子就找到了合适的节奏，大受欢迎也说不定。

为什么非要苦苦奔着曹雪芹和李安的水准去，觉得到不了巅峰就愧对自己？那是多么愚蠢的枷锁。

最难以理解的是,有很多人因为"做不成最好",甚至放弃了许多选择。

上周末,我在家里看电视,顺手拿着没织完的围巾织了几针。身边的姨妈凑过来,皱着眉头说:"这针法也太简单了,我教你几个好看的花样吧,保证织出来别人都夸你能干。"

我笑笑,谢过她的好意,然后继续使着粗陋的针法。

对我来说,织毛衣只是为了看电视时手指可以活动活动,仅此而已。至于漂亮精致的毛衣,想穿的话,去商场里买一件就好了。

轻松地打发时间,才是织毛衣这件事能带给我的最大的收获。

我不是万能的,我承认。

这并没什么不好。

为什么最棒的员工往往没有完美的简历

文 | Jenny 乔

最近，在朋友圈看了一段 TED 视频，刷新"三观"。

演讲人是美国人力资源专家瑞吉娜·哈特利。视频一开头，她就问了一个扎心的问题：如果你是一个 HR，给你两个符合条件的候选人，你会选谁？

候选人 A：常春藤学校毕业，绩点 4.0，完美的履历，出色的推荐信；候选人 B：公立学校毕业，做过很多廉价工作，做过收银员和卖唱的服务生。

毫无疑问，大部分人会选择 A，人才，完美，无可挑剔。可瑞吉娜说，我们应该选 B。

她做了一个形象的比喻：前者是银汤匙，后者是拳击手。银汤匙是大众眼中的佼佼者，拳击手却是被低估的潜力股。

她这么一说，我脑子里立刻想起一个朋友。他是一家互联网巨头的部门一把手，意气风发，人生赢家，约他吃饭要排队，谈个合作得等位。

可我们俩刚认识的时候，他完全不是这个状态，干什么赔什么，去哪儿哪儿倒闭，简历都不敢往外拿。

据他自己说，当面试的HR问到他的第3个前东家时，脸都绿了。

中国人信风水，他说自己可能是克单位。于是，他干脆不上班了，自己创业。没想到居然成了，项目被大公司收购了之后，也谋了个不错的职位。从那以后，他招人就喜欢那些背景复杂、经历异常的。

我问他为什么。他说了一句话，和视频里的答案如出一辙："这个人经历了这么多困难，简历还能摆在你的桌上，你说牛不牛？"

的确如此。放眼身边，那些没经历过职场动荡的人，都无比脆弱。反倒是挫折不断的人，往往能勇往直前。我把这些人叫作"见过世面的人"。

见过世面的人，都有这么两个特点：不容易患得患失，还总能出奇制胜。

说一件我特别有感触的事儿，是闺密给我讲的。

她在一家五星级连锁酒店集团工作，两年前，她们公司来了一个"90后"，他年纪轻轻，背景却特别复杂，在各种各样的公司工作过，和她们公司一贯"高大上"的风格格格不入。

起初，没人看得上这个外来户。可后来发生了几件事，让不少人都对他另眼相看。

第一件事发生在去年。当时公司全球业绩下滑，总公司给中国区制订了一个不大不小的裁员计划，每个部门分期分批进行，没人知道老板最后到底会留几个人。

闺密说，办公室里人心惶惶，唯有这个同事稳如泰山。他说："又不是没失过业，有什么大惊小怪的？"

还有一次，他们公司看上一块地，遇见一个难缠的暴发户，油盐不进，好赖不通，一言不合就开骂。据说去了不少高才生，都给赶回来了，最后却被他搞定了。其实方法很简单：拍马屁。

"拍马屁"这3个字说起来容易，做起来难。

就说这些高才生，要么死要面子，总是一副我优秀、我有理的样子；要么假装放低姿态，但就连装穷都装得特别假。左手一枚蒂芙尼钻戒，右手一块劳力士手表，跟别人说"我们公司也不容易"，谁信呢？更可怕的是，分分钟甩手不干，没有一点抗压能力。

可是这个小哥，混过无数圈子，被拒绝过很多次，死皮赖脸的本事一流，马屁拍得很到位。最后，暴发户美美地把合同签了，还和他称兄道弟。

后来，很多人问起老板，是怎么把这个宝贝从土里刨出来的。老板说了一句话，所有人都懂了："看人的时候，不能只看结果，还要看过程。"

这就好比出海，比起坐豪华游轮，能开着一艘破船乘风破浪的才是真正的牛人。

有句话，经常被父母拿来教育孩子："小时候没吃过苦的孩子，长大后不会过得太好。"

我以为，这句话用来教育自己也很合适："年轻时太顺利的人，后半程往往很'坑'。"

这也是为什么面试官特别喜欢问一个让人很无语的问题："说说你曾经遭遇过哪些挫折。"

如果没有，那可能真的很危险。"银汤匙"选手说的就是这种人，他们拥有得天独厚的硬件条件、极强的学习能力，可就是因为太顺利，所以缺少危机意识，又承受不了打击，往往高不成低不就。

可"拳击手"大不相同。他们家境一般，无爹可拼，能站住脚，全凭自己的一双手。

"拳击手"这个词,我觉得用得特别好。练过拳的人都知道,没挨过揍,就不知道自己的哪块骨头最弱。

　　这段时间,网上特别流行一个词:C位出道。于是,身边就出现了一群纠结的小朋友,每天自怨自艾,觉得自己出身不好,学校不好,专业不好,简历不好。总之一边嫌弃自己,一边自暴自弃。

　　可说实话,C位就一个,那么多人哪里站得下。想要C位没有错,错的是得不到C位,你就活不下去了。

　　然而,生活里真就有活不下去的。没考上名校,没走进名企,不巧被裁员,运气差被排挤,分分钟就跌入谷底。好像一步走错,以后就没路了。

　　按照现在流行的说法,就是逆商低。

　　对"逆商"这个词,很多人不会感到陌生,说的就是一个人触底反弹的能力。我一直觉得,它比智商和情商都高一个等级。因为你得既有情商又有智商,才能勉强称得上有逆商。

　　全世界都在教育你怎么成功,却没人告诉你如何应对失败,所以那些自学成才的人就特别优秀。和C位出道相比,能弯道成功超车的人更厉害。